信息检索

冯涛 编著

图书在版编目(CIP)数据

信息检索/ 冯涛编著.—北京：知识产权出版社，2015.7
ISBN 978-7-5130-3596-5

Ⅰ.①信… Ⅱ.①冯… Ⅲ.①情报检索 Ⅳ.①G252.7

中国版本图书馆 CIP 数据核字(2015)第 145361 号

责任编辑：王　辉　　　　　　　责任出版：孙婷婷

信息检索

冯涛　编著

出版发行：**知识产权出版社**有限责任公司		网　址：http://www.ipph.cn	
电　话：010-82004826		http://www.laichushu.com	
社　址：北京市海淀区气象路 50 号院		邮　编：100081	
责编电话：010-82000860 转 8381		责编邮箱：wanghui@cnipr.com	
发行电话：010-82000860 转 8101/8029		发行传真：010-82000893/82003279	
印　刷：北京科信印刷有限公司		经　销：各大网上书店、新华书店及相关专业书店	
开　本：720 mm×1000 mm　1/16		印　张：12	
版　次：2015 年 7 月第 1 版		印　次：2017 年 8 月第 3 次印刷	
字　数：250 千字		定　价：38.00 元	
ISBN 978-7-5130-3596-5			

出版权专有　侵权必究
如有印装质量问题，本社负责调换。

目 录

第一章 信息资源概述 ... 1
第一节 信息引论 ... 1
一、信息的概念 ... 1
二、信息的表现形式和特征 ... 3
三、信息的分类 ... 4
四、信息源 ... 7
五、信息的功能 ... 8
六、数据、信息、知识、情报、文献 ... 9

第二节 信息组织 ... 12
一、信息组织概念 ... 12
二、信息组织内容 ... 13
三、信息组织原则 ... 13
四、信息组织要求 ... 14
五、信息组织目的 ... 15
六、信息组织的基本方法 ... 15

第三节 信息素养 ... 18
一、信息环境 ... 18
二、信息素养概念 ... 19
三、信息素养内涵 ... 20
四、信息素养教育 ... 22

第二章 信息检索 ... 28
第一节 信息检索概述 ... 28
一、信息检索的起源与发展 ... 28
二、信息检索概念 ... 29

第二节　信息检索的意义与作用 ………………………………… 31
　　一、继承和借鉴前人的成果,避免重复劳动 ………………… 32
　　二、节省查找文献的宝贵时间,提高科研效率 ……………… 32
　　三、获取新知识的捷径 ………………………………………… 33
　　四、决策的前提 ………………………………………………… 33
第三节　信息检索原理 …………………………………………… 34
第四节　信息检索语言 …………………………………………… 35
　　一、信息检索语言概念 ………………………………………… 35
　　二、信息检索语言种类 ………………………………………… 36
第五节　信息检索方法 …………………………………………… 42
　　一、直接法 ……………………………………………………… 42
　　二、追溯法 ……………………………………………………… 43
　　三、综合法 ……………………………………………………… 44
第六节　信息检索技术 …………………………………………… 44
　　一、布尔逻辑检索 ……………………………………………… 44
　　二、截词检索 …………………………………………………… 46
　　三、位置检索 …………………………………………………… 48
　　四、字段限定检索 ……………………………………………… 49
　　五、加权检索 …………………………………………………… 50
　　六、模糊检索 …………………………………………………… 50
第七节　信息检索步骤 …………………………………………… 51
　　一、分析研究课题 ……………………………………………… 51
　　二、选择检索工具(系统) ……………………………………… 52
　　三、确定检索途径 ……………………………………………… 52
　　四、确定检索方法与检索技术 ………………………………… 53
　　五、实施检索、调整检索策略 ………………………………… 54
　　六、获取检索结果并整理 ……………………………………… 54
第八节　检索效果的评价 ………………………………………… 55
　　一、查全率和查准率 …………………………………………… 56
　　二、影响查全率和查准率的主要因素 ………………………… 56
　　三、查全率和查准率的关系 …………………………………… 57

四、查全率和查准率的合理运用 ………………………………………… 58

第三章 书目信息检索 …………………………………………………… 59
第一节 书目相关知识 …………………………………………………… 59
一、书目的概念 …………………………………………………… 59
二、书目的类型 …………………………………………………… 59
三、书目的内容 …………………………………………………… 60
四、OPAC …………………………………………………………… 65
五、书目的作用 …………………………………………………… 68
第二节 中国国家图书馆书目检索 ……………………………………… 69
一、中国国家图书馆简介 ………………………………………… 69
二、中国国家图书馆馆藏目录检索系统 ………………………… 70
第三节 CALIS 联合目录检索 …………………………………………… 79
一、CALIS 简介 …………………………………………………… 79
二、CALIS 联合目录检索系统 …………………………………… 80
第四节 贵州师范学院图书馆书目检索 ………………………………… 86
一、贵州师范学院图书馆简介 …………………………………… 86
二、贵州师范学院图书馆馆藏书目检索系统 …………………… 86
第五节 馆藏排架检索 …………………………………………………… 96
一、索书号 ………………………………………………………… 96
二、藏书排架 ……………………………………………………… 97

第四章 数字资源库检索 ………………………………………………… 99
第一节 中国知网检索 …………………………………………………… 99
一、中国知网简介 ………………………………………………… 99
二、中国知网检索介绍 …………………………………………… 103
第二节 维普网检索 ……………………………………………………… 125
一、维普简介 ……………………………………………………… 125
二、维普网检索介绍 ……………………………………………… 128
第三节 读秀学术搜索 …………………………………………………… 159
一、读秀学术搜索简介 …………………………………………… 159

二、读秀学术搜索检索介绍 …………………………………………… 160
　第四节　EBSCOhost 全文数据库检索 ………………………………… 170
　　一、EBSCO 简介 ……………………………………………………… 170
　　二、EBSCO 检索介绍 ………………………………………………… 171

附录一　《中国图书馆分类法》（第五版）简表 ……………………… 178

附录二　中华人民共和国国家标准 …………………………………… 183

主要参考文献 …………………………………………………………… 195

第一章 信息资源概述

第一节 信息引论

一、信息的概念

自20世纪出现信息的概念后,信息不仅得到了更加深入的研究,还得到了广泛的重视和利用。在21世纪,不掌握信息手段已完全与现代化社会格格不入。人们生活中随时都在自觉或不自觉地接收、传递、存储和利用信息。每个人都需要相关信息来指导衣食住行。购买衣服时,我们会比较不同款式的衣服,对比款式信息和价格信息。选择食品时,会了解生产日期、重量、材质、价格等信息。购买住房或旅游住宿时,我们会详细了解面积、价格、地段、配套、交通等相关信息。出行时,会了解天气信息,根据相关信息来确定自己衣服的厚薄,是否携带伞具。与对手谈判,要全面了解对方的背景信息。单位发工资,要综合员工的工龄、学历、职务、考勤、业绩等众多信息,国家出台新政,也必须在广泛调研并征求民众代表的信息基础上进行。因此小到个人,大到国家,信息无处不在,无时不有,无人不用。信息已经成为个人、部门、国家发展的最重要的战略资源之一。信息作为一种隐形的资源,在社会经济发展、日常生活、科学研究、工作学习、国策法规中发挥着日趋重要的作用。无论是科学技术的研究,还是生产力的发展,都要利用蕴含了新知识和新内容的信息,避免重复无谓的劳动,才跟得上时代的步伐。

信息是有价值的,就像不能没有空气和水一样,人类也离不开信息。因此人们常说,物质、能量和信息是构成世界的三大要素。所以说,信息的传播是极其重要与有效的。在我国,"信息"一词有着很悠久的历史,早在两千多年前的西汉,即有"信"字的出现,常可作"消息"来理解。"信息"连在一起,最早见于文献《三国志》中的"正数欲来,信息甚大"。再以后,信息作为一个成词,出现更加频繁,其含义均为"音信、消息"。❶

信息作为一门严密的科学,主要应归功于贝尔实验室的美国科学家克劳德·香农(Claude E.Shannon),1948年,他在著名论文《通信的数学理论》中把"信息"解释为"两次不定性之差",即信息是"用来消除未来的某种不定性的东西"。该论文成为信息论诞生的标志。❷ 控制论的创始人之一维纳认为,"信息是人们在适应外部世界并且使之反作用于世界的过程中,同世界进行交换内容的名称"。有观点认为,信息以物质介质为载体,传递和反映世界各种事物存在方式运动作态的表征。也有人认为,信息是一种被加工为特定形式的数据。还有如"信息是事物相互作用的表现形式""信息是人与外界相互作用过程中所交换的内容的名称""信息是使概率分布发生变动的东西"等定义。

由于人们研究信息的角度与目的的差异,对其理解也是见仁见智,说法不一。信息的概念也是十分广泛的,至今还没有对其形成一个完全统一的认识。

数学家认为,信息是概率论的发展。

物理学家认为,信息是以熵作为度量的内容。

哲学家从产生信息的客体来定义,认为信息是事物本质、特征和运动规律的反映。

心理学家认为,信息是存在于人们意识之外的东西,它存在于自然界、印刷品、硬盘,以及空气之中。

经济学家认为,信息是与物质和能量并列的客观世界的三大要素之一,是为管理和决策提供依据的有效数据。

图书情报学家认为,信息是读者通过阅读或其他认知方法处理而获得的事物或记录。

计算机专家认为,信息是经过收集、记录、处理,以能够检索的形式存储的事实或数据。

综合各个学科对信息内涵的深层理解,《中国大百科全书》中对信息的定义为:狭义上讲,信息是指用来消除不确定性的东西。广义上讲,它包含

---

❶ 孙福强.网络信息检索[M].北京:北京理工大学出版社,2014:1.
❷ 刘俊熙,王立义.信息检索[M].北京:北京图书馆出版社,2002:1-2.

本体论和认识论两个层次。从本体论意义上说,信息泛指一切事物(物质的、精神的)运动的状态和运动的方式,包括事物内部结构的状态和方式,以及外部联系的状态和方式;从认识论意义上说,信息是关于事物运动状态和运动方式的反映。❶

信息的定义之所以呈现多样化,主要原因有三:①信息本身的复杂性。它是一个多元化、多层次、多功能的综合物。②信息科学是一门新兴学科。它的许多分支学科仍在随着社会、经济和科学技术的发展而发展,其内涵和外延还不很确切。③人们出于不同的研究和使用目的,从不同的角度或层次出发,对信息概念就会做出不同的解释。❷

目前,关于信息比较统一和科学的定义是:信息是指应用文字、数据或信号等形式通过一定的传递和处理,来表现各种相互联系的客观事物在运动变化中所具有的特征性内容的总称。❸人通过获得、识别自然界和社会的不同信息来区别不同事物,得以认识和改造世界。在一切通信和控制系统中,信息是一种普遍联系的形式。它是事物存在的方式、形态和运动规律的表征,是事物具有的一种普遍属性,它与事物同在,存在于整个自然界和人类社会。

二、信息的表现形式和特征

(1)表现形式

信息一般有4种形态:数据、文本、声音、图像。这4种形态可以相互转化。信息是通过载体表现出来的,我们听到的声音包含信息,看到的景象包含信息,读到的文字包含信息。信息需要通过声音、图像或者文字等表现出来,所以说信息离不开载体。而纸张、胶片、磁带、硬盘、手机、电脑甚至人的大脑等,都是承载信息的媒介。

(2)特征

信息本身看不见、摸不着、无色、无味、没有形状、没有大小、没有质量……它是非常抽象的东西,但它又处处存在,护之塞耳,视之濡目。它既区别于

---

❶ 孙福强.网络信息检索[M].北京:北京理工大学出版社,2014:2.
❷ 肖亚明,尹志清,王涛.信息检索与利用[M].天津:天津大学出版社,2009:8.
❸ 肖亚明,尹志清,王涛.信息检索与利用[M].天津:天津大学出版社,2009:8.

物质和能量,又与物质和能量有相互依赖的关系。❶ 综合起来,信息有以下主要特征。

可量度:信息可采用某种度量单位进行度量,并进行信息编码。如现代计算机使用的二进制。

可识别:信息可采用直观识别、比较识别和间接识别等多种方式来把握。

可转换:信息可以从一种形态转换为另一种形态。如自然信息可转换为语言、文字和图像等形态,也可转换为电磁波信号和计算机代码。

可存储:信息可以存储。大脑就是一个天然信息存储器。人类发明的文字、摄影、录音、录像,以及计算机存储器等都可以进行信息存储。

可处理:人脑就是最佳的信息处理器。人脑的思维功能可以进行决策、设计、研究、写作、改进、发明、创造等多种信息处理活动。计算机也具有信息处理功能。

可传递:信息的传递是与物质和能量的传递同时进行的。语言、表情、动作、报刊、书籍、广播、电视、电话等是人类常用的信息传递方式。

可再生:信息经过处理后,可以以其他形式再生。如自然信息经过人工处理后,可用语言或图形等方式在生成信息。输入计算机的各种数据文字等信息,可用显示、打印、绘图等方式在生成信息。

可压缩:信息可以进行压缩,可以用不同信息量来描述同一事物。人们常常用尽可能少的信息量描述一件事物的主要特征。

可利用:信息具有一定的实效性和可利用性。

可共享:信息具有扩散性,因此可共享。

三、信息的分类

以加工的先后或加工深度划分如下:

文献信息资源以信息加工深度划分,可分为零次文献信息、一次文献信息、二次文献信息、三次文献信息和高次文献信息。

---

❶ 马林山.信息检索与利用[M].合肥:安徽科学技术出版社,2013:4.

(1)零次信息资源

零次信息资源是指未经记录、未公开、本身无法通过载体在较大范围内传播的信息。如口头传播的或实物展示的信息、会议口头交流、私人通信、网络聊天、发言稿、会议记录、实验记录、设计草稿等。具有信息内容新颖、不成熟、不定型的特点,而且没有公开交流,难以获得。

零次信息是人们获取知识信息不可忽视的信息来源。它不仅在内容上具有一定的价值,而且它有效地弥补了公开信息传播费时的不足,其新颖性更为社会各方面所关注。但由于其传播的范围极为有限、搜集困难、核实验证困难,贮存、保管困难,因而难以把它列为信息检索的对象。获得这方面的信息,很大程度取决于信息用户的信息意识。❶

(2)一次信息资源

一次信息资源是指未经加工的原始信息。一般是以作者本人的研究工作或研制成果为依据而撰写,且已公开发行进入社会流通使用的专著、期刊论文、学位论文、专利说明书、科技报告等,习惯上也称原始信息。一次信息资源包含了新观点、新发明、新技术、新成果,提供了新的知识信息,是创造性劳动的结晶;所记录的信息一般比较具体和详尽,具有创造性的特点,有直接参考、借鉴和使用的价值,是人们检索和利用的主要对象。指以信息编制者的研究成果为依据而创作(撰写)的,未经情报加工的原始信息。如图书、期刊论文、科研报告、会议论文、学位论文等。

(3)二次信息资源

二次信息资源是对一次信息进行整理、分类编辑或加工处理后得到的信息。即把大量的、分散的、无序的一次信息资源收集起来,按照一定的方法进行整理、加工,使之系统化而形成的各种目录、题录、索引和文摘等检索工具书。

二次信息资源仅是对一次信息资源进行系统化的压缩,无新的知识信息产生,具有汇集性、检索性的特点,易于存储、检索、传递和使用。它的重要性在于提供了一次信息的线索,是打开一次信息知识库的钥匙,可节省人们查找知识信息的时间,有较高的使用价值。

当今网络信息成为信息分析者的重要信息来源。如新浪、搜狐、雅虎中

---

❶ 刘俊熙,王立义.信息检索[M].北京:北京图书馆出版社,2002:4.

国等很多大型网站都提供大量信息及索引服务,很多信息都是经过处理与加工排序后的信息,对相同主题提供了相关的链接。

(4)三次信息资源

三次文献信息资源是根据一定的目的和需求,在大量利用一、二次信息资源的基础上,对有关知识信息进行组织、分析、提炼、重组而生成的再生信息资源。如专题报告、技术书、参考工具书、综述、年鉴等都属三次信息的范畴。

三次信息资源具有综合性高、针对性强、系统性好、知识信息面广的特点,有较高的实际使用价值,能直接提供参考、借鉴和利用。另外,三次信息一般附有大量参考信息,也是查找一次信息的重要途径。

(5)高次信息资源

高次信息资源是在对大量一、二、三次信息资源中的知识信息进行综合、分析、提炼、重组的基础上,加入了作者本人的知识和智慧,使原有的知识信息增值,生成比原有知识品位更高的知识信息新产品。如专题述评、可行性分析论证报告、信息分析研究报告等,具有参考性强、实用价值高、社会效益和经济效益显著的特点。

从零次、一次、高次信息形式的变化反映了信息的集中和有序化的过程。

将信息划分为以上几种级次,只是一种粗略的方法,好比人的性格一样,开朗型的人也有忧郁的一面。各级次信息的界限有时并不十分明显和严格。比如从总体看,"年鉴"可归入三次信息,但各种年鉴中收列的许多专论则是一次信息,其中的"论文选目""新书要目"则是二次信息。因此,在检索和利用报刊信息时,既要从一、二、三次信息功能的角度去充分认识各次信息在科研工作中的作用,但又不可过分去看它究竟是何级次信息,[1]只要能为已所用,都可广征博引。只有这样,才能准确、全面地利用各种信息。

以载体材料、存储技术和传递方式划分如下:

(1)印刷型

以纸质材料为载体,采用各种印刷术把文字或图像信息记录存储在纸

---

[1] 刘俊熙,王立义.信息检索[M].北京:北京图书馆出版社,2002:5.

张上而形成。它既是信息资源的传统形式也是现代信息资源的主要形式之一。主要特点是便于阅读和流通,但因载体材料所存储的信息密度低,占据空间大,难以实现加工利用的自动化。

(2)非印刷型

非印刷型大致有交流型、缩微型、电子型。

交流型:交流型主要是以人与人之间、人与动物之间、人与自然之间、人与实物之间的信息交流。这部分信息量非常大,随时都在产生,最原始最自然,内容很新颖,但也相当随意不成熟、不稳定,在经多次传播后极大增加人为成分而加大其不确定性。比如甲说的"我很喜欢吃广菜"经不同人多次交流后很可能面目全非地变成"甲很喜欢吃广州的月饼"传播到乙的耳朵中。

缩微型:以磁性或感光材料为载体,采用磁录技术和光录技术将声音和图像信息记录存储在磁性或光学材料上,如唱片、录音录像带、电影胶卷、缩微胶卷、缩微卡片等。主要特点有:存储密度高、体积小、重量轻,便于收藏;生产迅速,成本低廉。但是,其缺点是必须借助缩微阅读设备才能阅读,需要一定经济投资。

电子型:目前,电子信息已成为人们办公、经商、交流非常重要的渠道,渗透在各个领域发挥着重要作用。相应的电子设备有 MP3、电视、电脑、手机等。主要特点是存储信息密度高,读取速度快、网络化程度高、远距离传输、用有声语言和图像传递信息,内容直观,表达力强,易被接受和理解,使人类知识信息的共享能得到最大限度的实现。但须借助于一定的设备才能阅读。

四、信息源

信息源是用户获取信息的来源。联合国教科文组织《UNFSCC》把信息源定义为:"个人为满足其信息需要而获得信息的来源。"❶

按信息源产生的时间顺序来划分如下。

(1)先导信息源:是指产生于社会活动之前的信息源。如天气预报、股市预测等。

(2)即时信息源:是指在社会活动中产生的信息源,如工作记录、实验报

---

❶ 刘俊熙,王立义.信息检索[M].北京:北京图书馆出版社,2002:5.

告等。

(3)滞后信息源:是指在社会活动后产生的信息源,如报刊、图书等。

按信息源传播形式来划分如下。

(1)口传信息源:存在于人脑的记忆中,人们通过交流、讨论、报告会的方式交流传播。优点是获取速度快、及时、新颖;缺点是主观随意强、容易篡改,其真实性与科学性需进行分析鉴别。

(2)文献信息源:凡是以文献作为载体形式的信息源均可称为文献信息源。它存在于各类型文献中(包括印刷型信息源和电子信息源等),人们可以通过阅读、视听学习等方式交流传播。文献信息源是比较正规的信息源,是人类社会所特有的人工信息源。由于文献在保存和传递信息方面具有重要的作用,可以说文献信息源是人们获取信息最基本、最主要的来源。文献信息源具有的特殊优势是:①能够使信息得到长久的保存和广泛的传播;②所载信息固定而明确,便于进行多方面的加工和利用;③是确认人类活动、进行社会规范的工具。文献信息源的主要缺陷是在传递和交流上不够灵活、生动。❶

(3)实物信息源:存在于自然界和人工制品中,人们可通过实践、实验、采集、参观等方式交流传播。优点是生动直观、选择性和针对性强;缺点是不够灵活、零散和无规律,有时要受场地和季节限制。

五、信息的功能

(1)信息是感知世界的中介

信息是介于物质世界和精神世界之间过渡状态的东西,是人们用来认识事物、感知世界的不可缺少的中间环节。它贯穿于认知活动的始终,认知过程本身就是一个以信息为中介的信息运动过程。人类认识世界和改造世界的过程,是一个不断从客观世界获得信息,并对信息进行加工处理,形成新的认知结构,然后通过实践活动反作用于客观世界的过程。

(2)信息是管理决策的依据

管理决策是一个动态过程,其程序一般包括发现问题、确定目标、制订方案、评估选优、实施决策、追踪反馈等环节。决策需要综合众多因素,但决

---

❶ 肖亚明,尹志清,王涛.信息检索与利用[M].天津:天津大学出版社,2009:15.

定性的因素是取决于对客观实际的了解,对未来形势及后果的正确判断,而这些都需要依赖于全面、及时和准确的信息分析研究。信息活动贯穿于科学决策的全过程,并渗透到决策过程的每一个环节。

随着社会的发展,信息对于管理决策的作用日趋重要,这是因为社会的庞大和复杂对信息的依赖越来越多,而管理决策的正确与否,将直接影响整个社会各个系统。

(3)信息是科学研究的必要条件

人类的知识的继承性和共享性使得任何一项科学研究都必须借鉴前人的研究成果和依靠同时代其他人的帮助。这就是说,科研工作需要在时间上和空间上的信息传递。

从另一方面来说,世界本来是一个统一的整体,人们为了研究的方便,人为地把统一客观世界划分成若干个学科领域。如今这种分割阻碍了科学的整体化的发展,也不利于各门具体学科的纵深发展。于是,便出现了科学的"微分化"和"积分化"的趋势,产生了一批交叉学科、边缘学科。多学科的知识协作和发展需要信息的链接和融合。

(4)信息是社会发展的资源

人类在使用物质资源和能量资源的基础上,开始重视生产、处理、传递和利用信息的能力,信息资源与物质资源、能量资源一起,共同构成了现代人类社会资源体系的三大支柱。物质作为材料,能量作为动力,信息作为知识和智慧,正如一个人的体质、体力和智力,只有三者健全发展的人,才是一个真正健康的人。信息资源是人类借以对其他资源进行有效管理的工具,它在推动社会经济发展、促进人类社会进步等方面正发挥着日益重要的作用。❶

六、数据、信息、知识、情报、文献

数据、信息、知识、情报、文献的概念和关系。

(1)数据

数据是指经整理的,可判读的描述事物特征的符号序列,它记录或载荷着信息。数据具有数值属性和物理属性。各种数字、字母、符号的组合、语言、声音、图形、图像等都可以是数据,数据本身表达不出任何意义,它经过

---

❶ 刘俊熙,王立义.信息检索[M].北京:北京图书馆出版社,2002:3-4.

加工后可成为信息。❶

（2）信息

信息是指应用文字、数据或信号等形式通过一定的传递和处理,来表现各种相互联系的客观事物在运动变化中所具有的特征性内容的总称。❷ 人通过获得、识别自然界和社会的不同信息来区别不同事物,得以认识和改造世界。在一切通信和控制系统中,信息是一种普遍联系的形式。它是事物存在的方式、形态和运动规律的表征,是事物具有的一种普遍属性,它与事物同在,存在于整个自然界和人类社会。

（3）知识

知识是人类社会实践经验和认识的总结,是人的主观世界对于客观世界的概括和如实反映。知识是人类通过信息对自然界、人类社会以及思维方式与运动规律的认识,是人的大脑通过思维加工、重新组合的系统化信息的集合。因此,人类不仅要通过信息感知世界,认识和改造世界,而且要将所获得的部分信息升华为知识。❸ 也就是人们在认识和改造世界的过程中,对信息认知的那部分内容就是知识,可见知识是信息的一部分。知识仅存在于人类社会。

在知识经济社会中,知识和知识产品已成为经济发展的第一推动力,成为社会经济发展的一个先决条件。现在世界竞争的核心归根到底是智力和知识的竞争,谁拥有了知识和信息,谁就能够在竞争中抢占高新技术的制高点和最前沿。因此,知识在经济发展中的互动作用愈来愈明显。

（4）情报

情报是指那些被人们用来解决特定问题所需要的、经过激活过程活化了的知识。❹ 这里的激活过程,就是指对文献(即知识)进行加工整理,使之有序化、系统化。情报是被传递着有特定效用的知识,它是为一定目的,具有一定时效,经过发送由载体传递,能为感觉器官或感觉系统接收的情况的报导。只有具备了有准备的头脑,包括知识基础和意识准备,信息才有可能被转化为情报。情报的特征是知识性、传递性和效用性。情报是特定的知

---

❶ 孙福强.网络信息检索[M].北京:北京理工大学出版社,2014:2.
❷ 肖亚明,尹志清,王涛.信息检索与利用[M].天津:天津大学出版社,2009:8.
❸ 张林龙.实用信息检索[M].上海:上海中医药大学出版社,2004:2.
❹ 刘俊熙,王立义.信息检索[M].北京:北京图书馆出版社,2002:6.

识,是知识的一部分。情报必须通过一定的传递手段把情报源的有关情报传递给情报的接收者,才能被利用,才能发挥其价值。因此,知识必须经过传递才能成为情报。

(5) 文献

新版《辞海》对文献的定义作了解释:"记录有知识的一切载体的统称,即用文字、图像、符号、声频、视频等手段以记录人类知识的各种载体(如纸张、胶片、磁带、磁盘、光盘等)。"❶文献的特点在于:以有形的物质为载体,以知识为内容,以文字图形图像为表片知识的符号,可以累积和重复使用。

古代以龟甲、兽骨作为材料记录甲骨文是文献;以竹简和帛书记录是文献;碑文、铭文是文献;现今的纸质读物、机读资料、电子出版物、缩微制品等等都是文献。尽管文献的载体材料、记录手段在不断演进,但是构成文献的三大要素依然必备,即被记录的知识内容、承载知识内容的载体和记录知识内容的手段。文献记录和反映着社会发展、科学技术的成就及水平、政策法规,汇集着历史长河中广大人民群众对自然世界认识的结晶和社会的变迁,记载着无数成功或失败的经验教训,反映着人类的文明程度,是人类进步的重要基础。

(6) 相互关系

从流程上看,数据经过整理成为信息,信息经过人的思维系统化的加工整理转化为知识,对知识有针对性地进行传递和利用则成为情报。知识以一定手段记录在载体上就是文献,如下图所示。❷

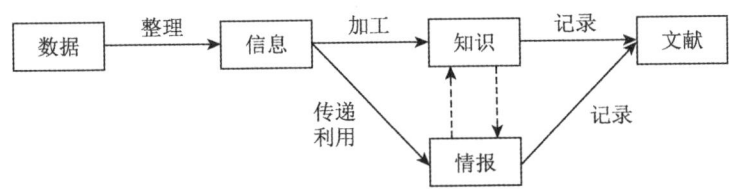

图 1.1 数据、信息、知识、情报、文献流程图

由上述可见,最外沿的概念是数据,数据是信息的原材料,而信息是知识和情报的原材料,知识是信息中的一部分,情报是知识中的一部分,文献

---

❶ 刘俊熙,王立义.信息检索[M].北京:北京图书馆出版社,2002:7.
❷ 孙福强.网络信息检索[M].北京:北京理工大学出版社,2014:2.

是知识的一种载体。文献不仅是情报传递的主要物质形式,也是吸收利用情报的主要手段。情报蕴含在文献之中,但不是所有文献都是情报,而所有情报都是知识。文献又是贮存传递知识、情报、信息、数据的介质,它们之间的逻辑关系是一种包含关系。文献可以提供数据、信息、知识、情报,但后四者获得的方式并不完全依赖于文献。

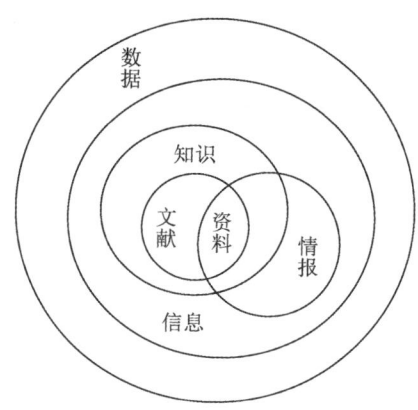

图1.2　数据、信息、知识、情报、文献逻辑关系图

第二节　信息组织

一、信息组织概念

信息资源组织是为了方便人们检索、获取信息而将庞杂、无序的信息进行系统化和有序化的过程。❶ 也就是利用一定的科学规则和方法对信息进行收集、加工、整合、存储,再通过对信息外在特征和内容特征的表征和排序,实现无序信息流向有序信息流的转换,从而使信息集合达到科学组合实现有效流通,促进用户对信息的有效获取和利用。作为社会活动的重要组成部分,信息组织是与人类社会同时产生并同步发展的。从广义上说,信息资源组织的内容包括信息收集与选择、信息分析与揭示、信息描述与加工、

---

❶ 于光.信息检索[M].北京:电子工业出版社,2010:19.

信息整理与存储。对信息的描述、揭示,以及有序化是信息组织的中心内容。而当代社会信息数量猛增、流速加快、分布散乱、优劣混杂等现象日趋突出使得信息组织尤其重要。信息组织是信息管理的重要环节和基础工作。信息组织具有:类聚性、系统性、动态性、多重性、综合性。

图书馆、情报所、文献中心、档案馆、专利局等是人们长期进行组织信息和提供信息的场所。例如,图书馆资源建设部,采访人员是收集图书报刊信息;编目人员对收集来的图书报刊信息进行编目加工,形成图书馆书目信息系统;流通部的工作人员再根据资源建设部标定的图书组织方法,将图书有序组织在库架上以供读者借阅;而技术部则将本馆各种信息及数据库进行分类整理进行网络发布。随着电子信息的急速扩张,数据库、Internet、通信产业成了新的信息组织空间。

二、信息组织内容

(1)信息选择:从采集到的、处于无序状态的信息流中甄别出有用的信息,剔除无用的信息,是信息组织过程的第一步。

(2)信息分析:按照一定的逻辑关系从语法、语义和语用上对选择过的信息内、外特征进行细化、挖掘、加工整理并归类的信息活动。

(3)信息描述与揭示:也称为信息资源描述,根据信息组织和检索的需要,对信息资源的主题内容、形式特征、物质形态等进行分析、选择、记录的活动。

(4)信息存贮:将经过加工整理序化后的信息按照一定的格式和顺序存贮在特定的载体中的一种信息活动。

三、信息组织原则

(1)客观性原则

信息组织中进行描述和揭示的基本依据就是信息本身,因此,我们描述和揭示信息的外在特征和内容特征必须客观而准确,要根据信息本身所反映的各种特征加以科学地反映和序化,形成相应的信息组织的成果。

(2)系统性原则

系统性原则要求在信息组织中把握好以下四个关系。

①宏观信息组织与微观信息组织的关系;

②信息组织部门与其他部门的关系；
③信息组织工作各个环节之间的关系；
④不同信息处理方法之间的关系。

(3) 目的性原则

信息组织具有鲜明的目的性,必须围绕用户的信息需求开展工作,注意信息机构的目标市场需求状态及其变化特征,满足成本收益对称的原则。

(4) 现代化原则

信息组织现代化原则包括思想观念现代化和技术手段现代化两个方面。

信息组织的思想观念现代化集中体现在信息组织的标准化上,即信息组织工作的一致性、信息组织方法的规范性、信息组织系统的兼容性和信息组织成果的通用性。

四、信息组织要求

(1) 信息内容有序化

一是要将内容或外在特征相同或者相关的信息集中在一起,把无关的信息区别开来;二是集中在一起的信息要有系统、有条理,按一定标识呈现某种秩序,并能表达某种意义;三是相关信息单元之间的关系要明确化,并能产生某种关联性,或者能给人某种新的启示。

(2) 信息流向明确化

现代管理科学的基本原理表明,信息作用力的大小取决于信息流动的方向。信息整序要做到信息流向明确化。首先,要认真研究用户的信息需求和信息行为,按照不同用户的信息活动特征确定信息的传递方向;其次,要注意根据信息环境的发展变化不断调整信息流动的方向,尽量形成信息合力。

(3) 信息流速适度化

信息流速的不断加快使人们感受到巨大的信息压力,眼花缭乱的信息流可能会降低决策的效率。同时,人们面对的决策问题在不断地发展变化,信息需要也在不断地更新。为此必须适当控制信息流动速度,把握信息传递时机,即用户在决策活动中遇到某种问题时而产生了与解决该问题有关

的信息需要这一时机,提高信息的效用。❶

(4)信息数量精约化

现代社会信息数量浩如烟海,垃圾信息日益严重,从信息源中采集来的信息通常是新旧并存、真假混杂、优劣兼有,以至于超过了人们的吸收能力。必须对信息进行鉴别、分析和评价,剔除陈旧过时、错误无用甚至自相矛盾的信息,筛选出最精约化的信息,提高信息系统的可靠性和先进性。使人们能吸收利用。

五、信息组织目的

信息组织的目的可以概括为"实现无序信息向有序信息的转换"。具体地说,信息组织的目的应包括:

(1)便于检索信息、利用信息;
(2)减少社会信息流的混乱程度;
(3)提高信息产品的质量和价值;
(4)建立信息产品与用户的联系;
(5)节省社会信息活动的总成本。

六、信息组织的基本方法

(1)基于传统印刷型载体信息的组织方法

长期以来,以纸张为记录载体的文献组织方法是以分类组织法和主题组织法为主要形式。除此之外,传统信息组织方法包括字顺组织法、时间组织法、地域组织法等。

①分类组织法。这是语法信息组织和语义信息组织的综合,它把信息按学科内容、事物性质分门别类加以组织排序的方法,它把性质相同的内容集中在一起,以反映学科知识的系统性、完整性,便于族性检索,符合人类的认知习惯。比如图书馆的馆藏图书,就是采用分类组织法进行文献分类,再组织上架便于读者进行族性检索。

②主题组织法。这是以信息的主题特征来组织排列信息的方法,给人们提供了一种直接面向具体对象、事实或概念的信息检索途径。即首先分

---

❶ 刘俊熙,王立义.信息检索[M].北京:北京图书馆出版社,2002:21.

析标引对象,从中抽取能够代表主题特征的语词,然后再按照一定的排序规则,把标引过的每件信息按照主题的异同组织起来。❶ 具有直观性和易用性。由于它不像分类法那样受到严格的等级限制,从事物角度集约信息,便于特性检索。因此表达灵活,专指性强。

③字顺组织法。大致可分为形序法和音序法,操作简单。形序法是根据汉字的形体结构中的某些共同之处加以排序,比较适合汉字的特点,并符合人们从汉字的形体结构出发求音求义的检索要求。❷ 其中较常用的有部首法如《辞海》、号码法如《四角号码字典》等。音序法是按照汉字的读音及表示读音符号的顺序组织信息的方法。❸ 如《新华字典》等。

④时间组织法。按照信息发生、发展的时间顺序进行组织的一种方法。如《中国历史纪年表》等是严格按照年、月、日的顺序组织的。《中华人民共和国大事记》等则是按照事件发生、发展的时间顺序编年组织的。❹

⑤地域组织法。这是按照地域、区划等地理顺序组织的一种方法。它能把同一地区的不同学科的各种信息全部集中起来,便于人们按照信息所在的地理位置、行政区划准确地检索某一地域的信息,如《世界名胜速查手册》《中国省情》等。

在实际应用中,这些方法往往交替使用,当独立使用各种组织方法时,可以采用并列的方式,将同样的信息概念、信息记录和信息实体制作出多个副本,进行多种方式的组织排列,形成不同序列的信息集合,以增加信息的检索途径。如《现代汉语词典》,它采用音序组织法,但音序排列对不认识的字和语音不准确的人是不易查到的,所以又附了部首和四角号码二种辅助索引。这样,这本词典实际就有了三种检索的方法。

(2)网络环境下信息资源的组织方法

①网络一次信息资源的组织方法。目前,网络一次信息资源的组织方法主要有如下三种:

超文本方法。WWW 发明人在 1984 年提出了 WWW 所依存的超文本数据结构。利用 WWW 系统查询信息时,用户面对的是"浏览器",查询信息采

---

❶ 刘俊熙,王立义.信息检索[M].北京:北京图书馆出版社,2002:22.
❷ 同上。
❸ 同上。
❹ 同上。

用一种"一点即得"的方法。它是一种基于知识单位的新型信息组织方法，是网络信息组织的基础。超文本实际上就是一些和其他数据具有链接关系的数据，这种把全球范围内的信息组织在一起的超文本方法，采用由指针链接的超网状结构。通过指针链接方式，可以使任何地方之间的信息产生联系。它以节点为基本单位，将文本信息存储在无数节点上，一个节点就是一个相对独立的"信息块"，节点之间用"链"连接，组成信息网络。用户可以从任一节点开始，根据网络中信息间的链接，从不同角度浏览和查询信息。超文本组织方法所提供的非顺序性的浏览功能，比传统的信息组织方式更加灵活方便，且符合人们的联想思维方式。另一大特征是其信息表达形式的多样性。超文本信息可以是文字、图形、图像、声音、动画等多种媒体形式，因此也可称之为"超媒体"。它能在类目与类目之间进行超链，也可以对主题词进行超链，这种联系可以是直接的或间接的，也可以是单向或双向的。因此检索数据时十分灵活，信息的再组织也十分便捷，可任意增加数据或删除和合并已有数据。使用户所需的信息像蜘蛛网一样扩大。

自由文本方法。主要用于全文数据库的组织，是对非结构化的文本信息进行组织和处理的一种方式。它不同于二次文献数据库的组织，无须前控，不需用规范化语言对信息进行复杂的前处理。它不是对文献特征的格式化描述，而是用自然语言深入揭示文献的知识单元，根据文献全文的自然状况直接设置检索点。以一个未知的自然语言文档作为输入，产生固定格式、无歧义的输出数据的过程。这些数据可以直接向用户显示，也可作为原文信息检索的索引，或存储到数据库、电子表格中，以便于以后的进一步分析。它能够完整地反映出一次文献的全貌，是通过计算机自动进行文献信息处理和组织的。基于全文数据库的全文检索可以将任意字符作为检索标识，这样，用户用自然语言即可直接检索未经标引的一次文献。

主页方式。网站往往用主页方式通过各种频道栏目，根据网站定位的用户对象需求的动态，将有关单位、部门或个人的各种信息集中组织在一起进行全面的编辑、翻译、报道、组织、提供信息服务。

②网络二次信息的组织方式。一次信息是原始的信息资源，将一次信息资源进行描述、揭示、分析和存储后，形成了有序化、系统化的二次信息。目前，网络二次信息的组织方法主要有以下两种：

搜索引擎方法。它是对互联网上的信息资源进行搜集整理，然后供你查询的系统,它包括信息搜集、信息整理和用户查询三部分。搜索引擎是一个为你提供信息"检索"服务的网站,它使用某些自动代理软件如 Robot、Spider、Worm 等,不间断地在网上"爬行",通过访问网络中公开区域的每一个站点,对网络信息资源进行收集,然后利用索引软件对收集的信息进行自动标引,创建一个详尽的可供用户进一步按关键词查询的 Web 页索引数据库。搜索引擎方法是目前 Internet 上对二次信息进行组织的主要方式之一,网上有成百上千种这类搜索引擎,较著名的有 Google、Baidu 等。此种方式所搜集的信息虽然丰富广博,但优劣并存,查准率低。例如,搜索"足球"这个词汇,就可能有数百万页的结果。这是由于搜索引擎通过对网站的相关性来优化搜索结果,这种相关性又是由关键字在网站的位置、网站的名称、标签等公式来决定的。这就是使搜索引擎搜索结果多而杂的原因。而搜索引擎中的数据库因为因特网的发展变化也必然包含了死链接。

主题树方法。这是将信息资源按照某种事先确定的概念体系结构,分门别类地逐层加以组织,用户先通过浏览的方式逐层加以选择,层层遍历,直到找到所需要的信息线索(即相关站点链接),并通过信息线索直接找到相应的网络信息资源。网上许多著名的网络检索工具如 Yahoo、Sohu 等,都采用这种方式组织信息资源。这种组织方式的优点在于:简单易用、目的性强,查准率高、良好的可扩充性和严密的系统性。其缺陷在于:为保证主题树的结构清晰性和资源可用性,主题范畴体系的结构不能过于复杂,每一类目下的信息索引条目也不宜过多,这就降低了其所能容纳的网络信息资源的数量。

鉴于主题树组织方式的优缺点,该方式适合组建专业性或示范性的网络信息资源体系,如专题导航等。并不适合用来建立大型的、综合性的网络信息系统。

第三节　信息素养

一、信息环境

我们今天所处的时代,被称为"信息社会",有人称为"后工业社会"等。其中,"信息社会"(information societies)的概念已为大多数人所认同,已成为一个描述当今时代特征的关键词。❶ 信息社会是以信息的生产、利用和服务为支柱产业的社会,它是工业社会发展的产物,以计算机、微电子和通信技术为主的信息技术为其动力源,用电脑代替和加强人类的脑力智能。其主要特点是信息获取网络化、整合化、便捷化,信息存储标准化、系统化、持久化。信息社会已成为一个描述当今时代特征的关键词,发展至目前的"信息高速公路"能够使"信息从一个地方几乎不受任何限制地传送到另一个地方",带来了社会的全面变化,根源于信息已经渗透到社会的各个层面,并且发挥出应有的作用。众多的信息网络和信息装置普及率的大幅度提高,现代化信息技术"飞入寻常百姓家",使得信息流程大大缩短。

二、信息素养概念

信息素质(Information Literacy)于1974年由美国信息产业协会的保罗·车可斯基(Paul Zurkowski)首次提出,他将其定义为"人们在解决问题时利用信息的技术和技能",其定义包括对传统文化素养的延续和拓展,对信息源及信息工具的了解和运用,具有对信息筛选、检索、评估、组织、处理的技能等。❷

1989年,美国图书馆协会下属的"信息素质主席委员会"将信息素质定义为:人们能够敏锐地察觉信息需求,并能进行相应的信息检索、评估,以及有效利用所需信息的水平。这一定义已经得到了学术界的普遍认同。❸ 从此,信息素质这个概念跨越了图书情报界,迅速扩展到教育界甚至全球各个领域。

简而言之,信息素养是指个人获取信息、利用信息的能力。信息素养是信息社会的重要概念,是衡量人的信息化的一个重要标志。信息素养与信息社会的发展紧密相连,是一个发展中的概念。信息素养的本质是全球信息化需要人们具备的一种基本能力,是信息时代现代人的基本特征之一。信息素养体现了信息化社会中个体成员在信息环境中所拥有的修习涵养,主要包括信息意识、信息知识、信息能力和信息伦理四个要素。信息意识在信息素养中起决定作用,具有强烈信息捕捉意识的人才能不断提高自身的

---

❶ 张永忠.信息检索与利用[M].上海:复旦大学出版社,2010:17.
❷ 于光.信息检索[M].北京:电子工业出版社,2010:7.
❸ 同上。

信息能力,具有高水平信息能力的社会成员必须树立正确合法的信息伦理观。

三、信息素养内涵

信息素养是一种跨科学和人文素质的综合素质,是一种个人能力素养,同时又是一种个人基本素养。通常,信息素养由信息意识、信息知识、信息能力、信息伦理四个方面的内容构成。

(1)信息意识

信息意识是对信息具体与抽象的认识,它是信息素质的灵魂。信息意识主要表现为对信息具有高度敏感性和积极的主动性。通俗地讲,面对不懂的东西,能积极主动地去寻找答案,并知道到哪里、用什么方法去寻求答案,这就是信息意识。信息时代处处蕴藏着各种信息,能否很好地利用现有的信息资料是人们信息意识强不强的重要体现。增强使用信息技术解决工作和生活问题的意识,这是信息技术教育中最重要的一点。信息意识的强弱表现为对信息的感受力的大小,并直接影响到信息主体的信息行为与行为效果。信息意识强的人,能通过蛛丝马迹捕捉到任何有价值的信息,因而往往能够占得先机,获得优势;信息意识淡薄的人,忽视信息的获取与利用,常使成功的机会与自己擦肩而过,导致错失良机而陷入被动。同时,信息意识还表现为对信息的持久注意力,对信息价值的判断力和洞察力。信息意识强的人能在错综复杂、混乱无序的众多信息表象中,去粗取精、去伪存真,识别、选择、利用正确的信息。

(2)信息知识

信息知识是指与信息有关的理论、知识和方法,包括信息理论知识与信息技术知识。信息理论包括信息的基本概念、信息处理的方法与原则、信息的社会文化特征等。有了对信息本身的认知,就能更好的辨别信息,获取、利用信息。信息知识是信息素养教育的基础。它包含如下内容。

①传统文化素养:传统文化素养包括读、写、算的能力。尽管进入信息时代之后,读、写、算方式产生了巨大的变革,被赋予了新的含义,但传统的读、写、算能力仍然是人们文化素养的基础。信息素养是传统文化素养的延伸和拓展。在信息时代,必须具备快速阅读的能力,这样才能有效地在各种各样、成千上万的信息中获取有价值的信息。很难设想,一个人连基本的

读、写、算能力都不具备,怎么会有敏锐的信息意识和很强的信息能力,更谈不上在信息时代接受计算机互联网中的信息。

②信息的基本知识:包括信息的理论知识,对信息、信息化的性质、信息化社会及其对人类影响的认识和理解,信息的方法与原则(如信息分析综合法、系统整体优化法等)。

③现代信息技术知识:包括信息技术的原理(如计算机原理、网络原理等)、信息技术的作用、信息技术的发展及其未来等。

④外语:信息社会是全球性的,在互联网上有大半的信息是英语,此外还有其他国语种。要相互沟通,就要了解国外的信息,表达我们的思想观念,这就要求我们每个人应掌握1~2门外语,适应国际文化交流的需要。

信息知识既是信息科学技术的理论基础,又是学习信息技术的基本要求。通过掌握信息技术的知识,才能更好地理解和应用信息。它不仅体现了信息社会成员所具有的信息知识的丰富程度,而且还关系到他们对信息知识的进一步掌握与创造。

(3)信息能力

一般而言,信息能力可以概括为信息获取能力、信息理解能力、信息处理能力,以及信息传播能力等,这也是信息时代重要的生存能力。身处信息时代,如果只是具有强烈的信息意识和丰富的信息常识,而不具备较高的信息能力,也无法有效地利用各种信息工具去搜集、获取、传递、加工、处理有价值的信息,从而不能让信息有效地为己所用。

根据教育信息专家的建议,现代社会中的大学师生应该具备六大信息能力。

①确定信息任务——确切地判断问题所在,并确定与问题相关的具体信息。

②决定信息策略——在可能需要的信息范围内决定哪些是有用的信息资源。

③检索信息策略——开始实施查询策略。这一部分技能包括:使用信息获取工具,组织安排信息材料和课本内容的各个部分,以及决定搜索网上资源的策略。

④选择利用信息——在查获信息后,能够通过听、看、读等行为与信息

发生相互作用,以决定哪些信息有助于问题解决,并能够摘录所需要的记录。拷贝和引用信息。

⑤综合信息——把信息重新组合和打包成不同形式以满足不同的任务需求。综合可以很简单,也可以很复杂。

⑥评价信息——通过回答问题确定实施信息问题解决过程的效果和效率。在评价效率方面还需要考虑花费在价值活动上的时间,以及对完成任务所需时间的估计是否正确等。

(4)信息伦理

信息伦理又称信息道德,是指人们在信息行为实施过程中必须要遵守的政策、法律、法规和伦理道德。[1] 它是调节、制约信息的生产者、传播者、使用者之间道德意识、道德规范和道德行为的总和。通过社会舆论、传统习俗等,使人们形成一定的信念、价值观和习惯,从而使人们自觉地通过自己的判断规范自己的信息行为。信息道德在知识经济时代,知识产权保护是促进社会科技、文化事业发展的重要法律措施。作为通过信息获益的人们,更应将信息安全与道德作为利用信息资源过程中必须遵守的行为准则和道德规范。信息社会成员应严格遵守各项信息法规与政策,自觉遵守健康合法的信息伦理与信息道德,规范自身的行为活动,不制造和传播虚假信息,自觉抵制不良信息。充分树立知识产权意识,充分注意合理利用信息及其相关产品。

信息素养的四个要素共同构成一个不可分割的统一整体。信息意识是先导,信息知识是基础,信息能力是保证,信息道德是准则。

四、信息素养教育

(1)意义

信息素养对于现代大学生教育尤为重要。中国的高等教育法则明确要求大学生要具备信息素养。信息素养教育,不仅仅是培养大学生对现代知识的检索技能,重要的是培养大学生对现代信息环境的理解能力、应变能力,以及运用信息的自觉性、主动性、独立性、合理性和合法性。[2]

---

[1] 张永忠.信息检索与利用[M].上海:复旦大学出版社,2010:22.
[2] 张永忠.信息检索与利用[M].上海:复旦大学出版社,2010:23.

①信息社会发展的必备条件。21世纪需要的人才是面向世界的,应具有较强的信息素质,要有国际化意识、胸怀,掌握国际的先进知识,具备跨文化操作能力和世界眼光,具有国际化视野等,这种人才能在全球化竞争背景中立于不败之地。而要达到这些素质的前提条件,必须具备有较强的获取信息的能力。而当下信息数量是以几何级速度急增,通过各种途径和机构得到的信息,很多都是没有加工和筛选过的,人们在进行学习、工作、生活时,面临怎样进行信息选择的现实情况。而信息在量上具有无限扩展的可能,因此准确而迅速地检索获取所需信息,有效分析、评价、综合利用信息的能力,是信息社会大学生发展所需的必备技能。

②大学生创新能力的基石。当今社会的竞争,与其说是人才的竞争,不如说是人的创造力的竞争。1919年,我国著名教育家陶行知先生第一次把"创造"引入教育领域。他在《第一流教育家》一文中提出要培养具有"创造精神"和"开辟精神"的人才,培养学生的创新能力对国家富强和民族兴亡有重要意义。1998年,江泽民同志在新西伯利亚科学城会见科技界人士时曾指出:"创新是一个民族进步的灵魂,是一个国家兴旺发达的不竭动力。创新的关键在人才,人才的成长靠教育。"以此次讲话为契机,我国将大学生创新能力的培养作为教育改革的重要目标,在教育界引发了一次对创新能力的内涵、创新能力培养的影响因素,以及方式方法的大讨论。

创新能力是民族进步的灵魂、经济竞争的核心;如果这个世界没有创新能力,便不会有今日人类的文明,爱因斯坦,爱迪生等伟大的科学家正是通过不断的发明创新,给人类带来了巨大贡献。在科学技术飞速发展的今天,创新意识和创新能力越来越成为一个国家国际竞争力和国际地位的最重要的决定因素。大学生是国家发展、民族兴盛的生力军,少年强,则国家强,少年亡,则国家亡,在信息社会可引深为少年创新,则民族振兴。而大学生的创新能力,是建立在良好的信息素质基础之上,通过有效地、高效地获取信息,在总结和充分利用前人研究基础上,创造出新的价值。

③终身学习能力的需要。终身学习是21世纪的社会行为和生活方式,即社会每个成员为适应社会发展和实现个体发展的需要,贯穿于人的一生的、持续的学习过程。在当今瞬息变化的信息时代,知识和信息的庞大性、时效性、前瞻性越来越强,终身教育就尤为重要,本科文凭管一阵子,终身学习管一辈子。知识本身具有老化性,大学生在校期间所学知识会随着时间

而老化甚至失效。如果没有继续获取知识信息的意识和能力,缺乏应有的信息素质,很快就会被瞬息变化的信息社会和时代所淘汰。相反,如果受过良好信息素质教育的学生,能主动地获取各种知识和信息,并使学习不再受时空和地域的限制,从而实现终身学习的目标。因此,具备良好的信息素养对大学生尤为重要,信息素质教育是培养终身学习能力的前提。信息素养作为人们终身学习和知识创新的基础技能,已受到世界各国教育界、信息产业界乃至社会各界的广泛关注。

唯有终身学习,才能成为与时俱进的社会人,只有具备信息素养的人,才能实现终身学习,成为知识经济时代所需要的复合型高素质人才。

总之,具备良好信息素养的人的思维敏捷、认识超前,能够针对社会所需和自己的不足,及时获取信息、学习知识,成为适应时代要求的具备各种能力和技能的复合型人才、创新型人才。信息素养教育最重要、最根本的目的,是使我们在信息社会中成为信息的主人,而不是信息的奴隶,使我们在现代信息化环境中学会生存、学会学习、学会创造。

(2)高校图书馆开展信息素质教育的优势

我国的信息素养教育主要以高校为主,教育过程又以信息检索课为核心。1981年,教育部颁发了《中华人民共和国高等学校图书馆工作条例》,第一次以文件的形式将文献检索课规定为高校图书馆工作任务之一。1984年印发了《关于在高等学校开设文献检索与利用课的意见》的通知。1985年颁发《关于改进和发展文献课教学的几点意见》,提出了文献检索课程"要逐步实现分层次连续教育"的教学指导思想。

高校图书馆作为高校信息情报中心,在信息素质教育过程中具有显著的优势。图书馆宽敞舒适的学习环境、浓厚的信息氛围,为广大读者提供了良好的接受教育的场所。电子阅览室、多媒体教室、终端检索等现代化设备的普及为读者信息素质教育提供了良好的信息技术环境。高校图书馆长期积累的丰富的纸质文献与电子文献相互完善补充,具有良好的资源优势。并且高校图书馆的工作人员就是为读者进行各方面信息服务的,他们的专业信息背景具有稳定的人才优势。因此,高校图书馆作为开展信息素质教育重要基地,有责任提高大学生信息意识、检索、获取、评价及利用能力。

（3）高校图书馆开展信息素质教育的模式

①新生入馆教育。我国高中阶段的学生,基本围绕应对高考的课程而展开学习,面对的是教学大纲规定的课本与教辅教参,高强度的课堂应试教育加上大量的课后作业,基本没有进图书馆的时间和习惯,也很少有与教学信息以外的信息利用意识。进入大学,图书馆对他们的信息教育就应及进跟进,将入馆教育视为信息素质教育的必备起点。通过对图书馆的资源介绍和基本使用方法介绍,使读者能认识到大学阶段与高中阶段的学习方法的差异性,让他们了解使用图书馆的重要性与必要性,是现代大学的三大支柱之一,是大学的心脏和学生的"第二课堂",是提升自身学习能力、信息素养的重要场所。

②信息检索课程教育。高校图书馆进行信息素质教育的重要形式是开展信息检索课程教育。目的是培养读者的信息意识,通过对信息检索工具和信息检索方法的讲授,使学生学会如何根据检索课题精练检索概念,制定检索策略,了解馆藏纸质文献与各种数据库系统的检索方法和步骤,掌握一定网络信息资源检索能力等,拓宽了他们获取与利用信息的途径。通过信息检索课程教育,使读者掌握常用检索工具与相关工具书,掌握信息检索方法与技能,帮助他们快、准、全地获取所需知识,消除了读者在大量的新信息、新情报面前出现不知所措的情景,最大限度地节省查找时间,使文献信息得以充分的利用。为他们以后的信息素质打下一定的基础,让他们懂得在信息社会中信息素养是学习、工作必备能力,是终身学习的需要,是知识创新的需要。

③开展专题信息培训讲座。一般图书馆都会针对不同年级的大学生定期举办各种信息知识、文献学的专题讲座。如信息检索基础知识、图书馆网站的利用、OPAC使用方法、数据库使用方法、工具书介绍、网络资源及网络检索工具、论文写作与投稿、文献管理软件、计算机及常用软件的基础使用等。也可根据读者的某些具体要求,组织专业或某主题的相关信息服务。这种信息培训主题明确,针对性强,可及时解决读者的具体信息需求。

④嵌入式信息素质教育。嵌入式信息素质教育称为信息素养教育与学科课程整合教育,简称"嵌入式信息素质教育"。根据美国大学与研究图书馆协会的定义,嵌入式信息素质教学就是把图书馆的资源利用与图书馆服务融合到学科专业教学之中。它是随着互联网与通信技术的更新发展,用

户教育个性化的需求与传统信息课教学模式的不足应运而生的。我国教育部"信息素养教育现状"调研课题组在2014年年底进行的"信息素养教育问卷"时,就开展嵌入式信息素质教学进行了专项问卷调查,可见其已成为今后高校信息素质教育的一个重要发展方向。这种模式以培养学生终身学习能力为目标,教育强调学科馆员与专业教师的配合,采用相互合作的模式将信息素质教育嵌入到学科专业课教学当中,将信息素质教育知识与专业课程学习有机结合起来,鼓励学生与教师之间的互动,教育主体不单单是图书馆,而是要由学校的教师、馆员、学生来共同完成,为学生的自主学习创造了条件,使专业学习和信息素养培养进入良性循环,从而达到更好的信息素质教育的效果,同时也提升图书馆和图书学科馆员在高校的影响力。

⑤在线素质教育平台。在线信息素质教育是指用计算机、网络技术、通信技术开展的信息素质教育。高校图书馆实施信息素质教育采取的在线教育形式主要包括网络教学在线平台、开放式在线课程,以及信息素质教育在线平台等。其教学活动不受时空限制,综合利用了文本、图形、音频、视频等多种媒体形式,真实形象地表达检索系统的实际情况,并可以直接登录网络数据库实施检索,激发了学生学习的兴趣和积极性,更侧重于培养用户的自觉意识与自学能力,同时强调教学的开放性、交互性和个性化,使学生变被动学习为主动学习,可以按照自己的需求自主选择学习内容,方便学生吸取新知识,更注重教育对象的个性化需求。北京大学图书馆率先于2003年构建完成了自己的网络培训体系,进行了在线信息素质教育的实践。

在线信息素质教育日益被高校所重视,成为用户教育的一个重要组成部分。并可充分利用网络的共享性,实现高校图书馆之间的合作、高校图书馆与其他类型图书馆的合作、高校图书馆与校内外其他机构的合作,共同开发在线信息素质教育资源。

(4)信息素质教育要实现的目标

大学生经过完整的信息素质教育应该实现以下目标。

①认识信息对信息化社会及人类的影响,认识信息素质在终身教育中所起的作用。

②能理解信息手段的结构和特征。

③有积极的信息意识,在解决问题中能积极主动地利用信息。能正确

地选择信息手段。

④能使用各种信息工具、信息手段完成信息的收集、判断、评价、处理、传递、交流,以及创造必要信息。

⑤懂得信息的道德观,承担必要的信息责任,形成正确的信息价值观。

⑥能在获取的信息中融入自己的知识基础和价值系统。

虽然信息素养在不同层次的人们身上体现的侧重面不一样,但受过信息素质教育的大学生应具备:捕捉信息的敏锐性、筛选信息的果断性、评估信息的准确性、交流信息的自如性和应用信息的独创性、获取和利用信息的合理与合法性。

第二章 信息检索

第一节 信息检索概述

一、信息检索的起源与发展

作为信息资源使用者,既需要了解和掌握传统手工检索的方法,也需要熟悉和掌握计算机检索,尤其是网络信息检索的理论和技术,这是信息时代对社会人员信息素质的要求。

(1)手工检索阶段(1876—1954年)

信息检索源于参考咨询和文摘索引工作。较正式的参考咨询工作是由美国公共图书馆和大专院校图书馆于19世纪下半叶发展起来的。到20世纪40年代,咨询工作的内容又进一步,包括事实性咨询、编目、文摘、专题文献检索、提供文献代译。检索从此成为一项独立的用户服务工作,并逐渐从单纯的经验工作向科学化方向发展。

(2)脱机批量处理检索阶段

1954年,美国海军建立了世界上第一个计算机检索系统,虽然只是批处理试验系统,仅包括文献号和少量检索词,却是计算机技术应用于信息检索的首创。这也预示着以计算机检索系统为代表的信息检索自动化时代的到来。单纯的手工检索和机械检索都或多或少显露出各自的缺点,因此极有必要发展一种新型的信息检索方式。

(3)联机检索阶段(1965年—20世纪70年代初)

1965年美国系统发展公司研制成功BIT联机情报检索软件,开始了联机情报检索系统阶段。与此同时,美国洛克公司研制成功了著名的Dialog检索系统,向全美提供联机信息检索服务。

(4)国际联机检索阶段(20世纪70年代—20世纪90年代初)

20世纪70年代卫星通信技术、微型计算机以及数据库产生的同步发展,使用户得以冲破时间和空间的障碍,实现了国际联机检索。计算机检索技术从脱机阶段进入联机信息检索时期,实现了跨国联机检索,成为社会上"信息产业"的一部分。它打破了时间和空间的限制,为快速获取全球性科技资料和经济信息提供了十分方便的条件,从而极大地提高了信息的可获得性和利用价值。

(5)网络信息检索(1991年至今)

20世纪90年代是联机检索发展进步的一个重要转折时期。随着互联网的迅速发展及超文本技术的出现,基于客户服务器的检索软件的开发,实现了将原来的主机系统转移到服务器上,因特网已成为世界最大的信息资源宝库,信息检索进入了一个崭新的时期,各种网上检索工具应运而生,计算机检索进入了一个多媒体时代。多媒体技术将文字、声音、音乐、图形、图像、动画,以及视频等各种信息加以数字化,再辅以现在流行的触摸频技术,即使从未使用过计算机的人,也可以非常方便地操作计算机,获取自己所需的信息。

二、信息检索概念

信息检索有广义和狭义之分。广义的信息检索全称为"信息存储与检索",是指将信息按一定的方式组织和存储起来,并根据用户的需要找出有关信息的过程。[1] 广义中信息检索则是信息存储的逆向过程,信息检索必须先有信息存储,而信息存储就是为了更快捷地查找信息。狭义的信息检索为"信息存储与检索"的后半部分,对于信息用户来说,信息检索仅指信息的查找过程,通常称为"信息查找"或"信息搜索",是指从信息集合中找出用户所需要的有关信息的过程。[2]

信息检索根据检索对象的不同,可分为数据检索、事实检索、概念检索、文献检索四种。

(1)数据检索(Data Retrieval)

数据检索是以文献中数据为对象的一种检索,是将经过选择、整理和评

---

[1] 于光.信息检索[M].北京:电子工业出版社,2010:18.
[2] 同上.

价(鉴定)的数据存入某种载体中,并根据用户需要从某种数据集合中检索出能回答问题的准确数据过程或技术。经检索出的数据能回答一个确定的数据或数据范围。例如,查找地理信息系统中空间数据、空气湿度、化学分子式、某一数学公式、数据图表、某一种产品的性能、价格,某化学分子式,某种设备如汽车、手机的型号与参数等,都属于数据检索的范畴。例如,它可以回答"长白山的海拔高度""2010年中国人口增长率是多少"之类的提问。

(2)事实检索(Fact Retrieval)

事实检索是以特定的事实为检索对象。凡是对某一事物、事件、主题的事实情况进行查询均属事实检索。广义的事实检索既包括数值数据的检索、算术运算、比较和数学推导,也包括非数值数据(如事实、概念、思想、知识等)的检索、比较、演绎和逻辑推理。它要求检索系统不仅能够从数据(事实)集合中查出原来存入的数据或事实,还能够从已有的基本数据或事实中推导、演绎出新的数据或事实。例如,查找第三届中国好声音比赛从开始至结束的时间、参赛人数、竞赛规定、具体导师等,电热水器哪些厂家生产、哪个牌号最好,中国所有985高校简况、分布等,均属于事实检索。事实检索回答一个确定的事实。

事实检索是情报检索的一种类型。例如,该系统中存储有如下事实:①杨洋是贵州师范学院的学生。②贵州师范学院的学生都必须学古汉语。如果该系统是一个事实检索系统,则它应当能回答某用户提出的"杨洋学古汉语吗?"这种问题。事实检索是情报检索中最复杂的一种。它允许用户用自然语言提问,并能用自然语言作答。更重要的是,系统必须具有一定的逻辑推理能力和自然语言理解功能。

(3)概念检索(Concept Retrieval)

概念检索就是查找特定概念的含义、作用、原理或使用范围等解释性内容或说明。最常见的传统概念检索是各种参考工具,如字典、百科全书、名录、手册、指南等参考工具书。

传统检索的核心是关键词的机械式匹配,只要发现某个网页或文献资源中含有这个关键字符,就将该网页或文献作为查询结果返回给用户,还可以结合布尔逻辑运算提供更为复杂的查询表达方式,但都是以关键字符匹配为基础的,由于参与匹配的是字符的外在形式,而不是它们所表达的概念,所以会出现检索不全,答非所问的结果。概念检索是一种突破了机械式匹配局限于表面形式的缺陷,从词所表达的概念意义层次上来认识和处理用户的检索请求的检索方法。在查询有关"期刊"的信息时,输入"期刊"作为关键字,所得到的结果中一定含有"期刊"但期刊实际上是头脑中形成的一个概念,"期刊"只是一种表达方式,"杂志""连续出版物"都可以表达相同的概念,再比如"计算机",也可称作"电脑""微机",但却由于词形上的差异不能满足关键词匹配的要求,不能在结果中出现。另外,随着地域的改变,对同一概念的表达也会不同,如贵州人说的"炖肉",深圳人却表达为"煲汤"。现代化的概念检索可以实现语义蕴涵扩展、语义外延扩展、语义相关扩展,如检索"期刊",相应的"杂志""连续出版物"都概念能相应检索出来,能够提供比传统检索更为智能化,知识化的服务。

(4)文献检索(Document Retrieval)

文献检索是以文献为检索对象,是将存储于传统文献或数据库中的关于某一主题文献的线索查找出来的检索,是从一个文献集合中找出专门文献的活动、方法与程序。因此它是利用检索系统或工具查找文献线索,获取查询信息的过程。本质是文献需要与文献集合的匹配。以前通常通过目录、索引、文摘等二次文献,以原始文献的出处为检索目的,可以向用户提供有关原文献的信息。有的书中又称它为"书目检索"。随着现代网络技术的发展,文献检索更多是通过计算机技术来完成。凡是查找某一课题、某一著者、某一地域、某一机构、某一事物的有关文献的出处和收藏单位等,均属于文献检索的范畴。例如,要查找有否与"中国毛南族婚姻习俗"相关的文献,以及相关文献的出处为何处,即属于文献检索。文献检索是一种相关性的检索,带有很大的不确定性。

第二节　信息检索的意义与作用

信息检索作为人类获得信息的重要手段与技术,在人类的知识传播和科学研究中具有承上启下的作用,是人类知识组织的超链接。

掌握信息检索的方法与技能的重要意义和作用,主要体现在以下几个方面。

一、继承和借鉴前人的成果,避免重复劳动

科研具有继承和创造两重性,科研的两重性要求科研人员要尽可能多地获取相关的信息。从实践经验看,科研中出现的绝大多数问题都有必要、而且有可能通过查找科技文献得到启发甚至得到解决。通常一项科研成果中大部分成果是别人的,只有少部分是个人创造的。任何人从事某一研究时,必须利用科学的信息检索方法来了解这个领域进行全面的调研。任何科学研究都是在继承前人的知识后再发明、再创新的。也就是每个人都把前人认识事物的终点作为继承探索的起点。科学技术的发展具有连续性和继承性,闭门造车只会重复不必要的研究或走弯路。比如,我国某研究所用了约十年时间研制成功"以镁代银"新工艺,满怀信心地去申请专利,可是美国早在20世纪20年代末就已经获得了这项工艺的专利,而该专利的说明书就收藏在当地的科技信息所。科学研究最忌讳重复,因为这是不必要的浪费。在研究工作中,任何一个课题从选题、试验直到出成果,每一个环节都离不开信息。研究人员在选题开始就必须进行信息检索了解别人在该项目上已经做了哪些工作,进展情况如何,成果如何等。这样,用户就可以在他人研究的基础上进行再创造,从而避免重复研究。

二、节省查找文献的宝贵时间,提高科研效率

科学技术的迅猛发展加速了信息的增长,在带来更多信息的同时也加重了信息用户搜集信息的负担。实际上,任何人都不可能将世界上所有的文献都阅读完。据调查统计,许多研究人员在承接某个课题之后,也意识到应该查找资料,但他们查阅文献的时间占总科研时间的40%~50%,如果掌握文献检索的方法技巧,高效优质全面的信息检索无疑会节省研究人员的大量时间,使其能用更多的时间和精力进行科学研究,提高科研效率,为科研工作赢得大量宝贵时间,缩短科研周期,加速科研进程,创造出更多的高附加值的技术成果。如"汪克尔"发动机是德国人发明的,日本开展此项目研究时间比德国晚10年,但日本有关公司全力收集检索德国这方面的信息,结果使得日本装有这种发动机的汽车先于德国10年投入市场,前后共赢得了20年时间。

三、获取新知识的捷径

一个人在校学习时间是有限的,投入社会工作以后,仍需不断更新知识,推陈出新,才能适应信息社会的迅速发展。如果掌握了信息检索的方法便可自如地获取相关信息,在社会中对未知世界进行探索和学习。德国柏林图书馆门前有这样一段话:"这里是知识的宝库,你若掌握了它的钥匙,这里的全部知识都是属于你的。"这里所说的"钥匙"即是指信息检索的方法。"一个国家创新能力是决定其在国际竞争和世界格局中地位的决定因素。21世纪需要大批创新人才,只有掌握大量的信息资料,在自由想象中创造灵感,在此基础上,才能在前人不曾涉及的领域有所建树和突破。只有培养学生自立和创新精神,日后才能成为创新人才。只有掌握信息检索技术与方法,才能高效获取、正确评价和善于利用信息。所以说,信息检索是创新人才应具备的基本技能。

四、决策的前提

在日常工作和生活中,人们经常要作决策,一些重大决策关系到国家的兴衰、团体的成败和个人的前途,为此,必须进行科学决策。信息在决策中起重要作用,它是决策的前提和基础。信息的重要性在于消除不确定性,做到知己知彼,只有情况明,才能决心大。而且信息的作用贯穿于决策的全过程,从提出问题到选择方案,从确定目标到具体实施,每一步骤都离不开信息。美国默卡尔集团董事长以前是位小作坊的老板,1975看到报纸上登载墨西哥发生动物瘟疫的消息,马上派人赶住墨西哥实地考察收集全面信息,在接到详细信息基础上经过分析判断后,果断决策集中全部资金收购大量牲畜并速运到安全地带。不久墨西哥瘟疫蔓延到了美国,国内肉类奇缺,价格暴涨,而默卡尔公司由于事先储备大量安全肉食 8 个月净赚 1500 万美元。在知识经济时代,科学技术及信息将超越土地、人才和资源等生产要素,成为第一生产力。无论是国家、部门还是企业都将更多地依赖于信息的迅速交流、传播和利用,而信息检索则是获取信息的重要途径,是科学决策的必要前提。

综上所述,在经济信息化和社会信息化的 21 世纪,无论是素质教育的实施,创新人才的培养,科学研究的开展,信息资源的开发,还是科学决策的进行,都离不开信息检索技术的普及与应用。信息检索的重要作用及意义在未来的社会中将日益显现。

第三节 信息检索原理

检索是通过检索工具(系统)来实现的,系统包含信息集合的载体和技术设备。按存储的媒体和技术手段来分,检索系统有两种:手工检索工具和计算机检索系统。各种检索系统的检索原理大致相同,简单地讲,就是检索提问标识与存储在检索工具中的标引标识进行比较,两者一致或信息标引的标识包含着检索提问标识,则具有该标识的信息就从检索工具输出,输出的信息就是检索命中的信息。

信息检索的本质是信息用户的需求和信息集合的比较与选择,即匹配的过程。从用户需求出发,对一定的信息集合(系统)采用一定的技术手段,根据一定的线索与准则指出(命中)(Locate Hit)相关信息。❶ 每件信息都包含其内部及外部特征(信息的属性),这些特征可以用来作为检索的出发点和匹配依据,它们称为检索点。这些检索点包括分类、主题、著者、名称、代码等。当然,匹配有其匹配标准,这里涉及两者一致性、相关度等问题,按一定的标准筛选出符合要求的信息。信息检索的过程往往需要一个评价反馈途径,多次比较匹配,以获得最终的检索结果。

信息检索的全过程包括存储和检索两个过程。存储过程就是按照检索语言(主题词表或分类表)及其使用原则对原始信息进行处理,形成信息特征标识,为检索提供经过整序(即形成检索途径)的信息集合的过程。具体来说,信息的存储包括对信息的著录、标引,以及编排正文和所附索引等。❷ 检索过程则是按照同样的主题词表(或分类表)及组配原则分析课题,形成检索提问标识,根据存储所提供的检索途径,从信息集合中查获与检索提问标识相符的信息特征标识的过程。

---

❶ 于光.信息检索[M].北京:电子工业出版社,2010:18.
❷ 同上。

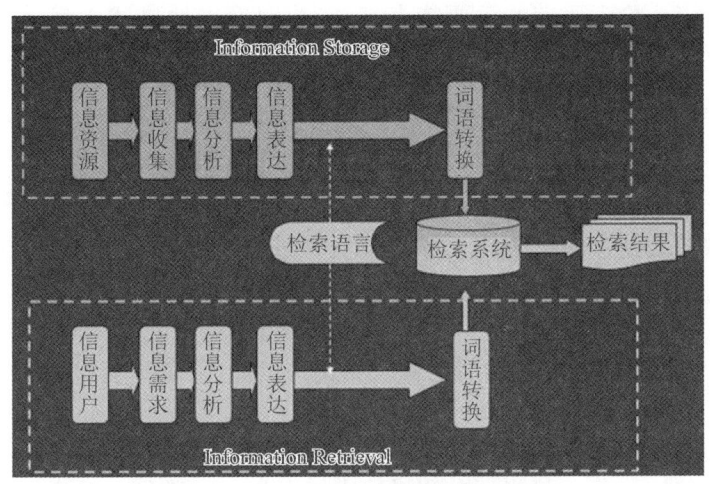

图 2.1　信息存储与信息检索原理图

第四节　信息检索语言

一、信息检索语言概念

信息检索语言就是信息组织与信息检索时所用的语言,❶它把信息的存储与检索联系起来,即在存储时用以描述文献信息的内容和外部特征,而在检索时则用以表达提问的语言。

只有使用统一的检索语言,不同的标引人员和检索人员才能对相同文献的特征作出一致表述,才能取得较好的检索结果。因此,检索语言在信息检索中的作用非常重要,检索语言是沟通信息存储和信息检索两个过程的桥梁,也是沟通标引者和检索者的桥梁。检索语言按其使用的场合不同又称"标引语言""索引语言""信息语言"等。这里提到的标引就是将文献和提问的内容特征用文献检索语言的形式表现出来的过程。当使用主题词来表达文献的内容时称主题标引,使用分类号来表达文献内容时称为分类标引。标引的目的在于将文献和提问的内容翻译成系统语言,便于用这些特

---

❶　于光.信息检索[M].北京:电子工业出版社,2010:26.

征进行检索。检索语言的重要特点是,能简明准确地描述文献信息和检索提问,所以它应有较高的专指度,能准确、清晰、稳定地表达概念,与概念之间最好是一一对应的关系,而且能揭示概念间的各种关系。

检索语言的功能主要有:简明扼要而又规范化地标引文献的主题内容及其外表特征;对内容相同及相关的文献信息加以集中或揭示其相关性,使大量分散的文献存储系统化、组织化,便于进行有规律的检索;便于将标引用语与检索用语进行相符比较。

二、信息检索语言种类

检索语言的种类很多。按描述文献特征的不同,检索语言可分为描述文献外部(表)特征的检索语言和描述文献内部(容)特征的检索语言。描述文献外部(表)特征的检索语言包括题名(书名、篇名)、著者姓名、代码(专利号、报告号、标准号等)和引文语言(被引用著者姓名和被引用文献的出处)等。描述文献内部(容)特征的检索语言有三种:分类语言、主题语言、纯自然语言。其中主题语言又有标题词语言、关键词语言、叙词语言之分。

描述文献外部(表)特征的检索语言,例如篇名、著者姓名、文献序号等,作为文献标识与检索依据,直接明了,使用时较为简单。描述信息外部(表)特征的语言往往是显而易见的,但其特点是这些项目与信息内容很多没有直接关系。而作为表述文献内部(容)特征的语言研究才是重点,也就是分类语言和主题语言的原理和使用方法,是我们检索者主要的学习对象。

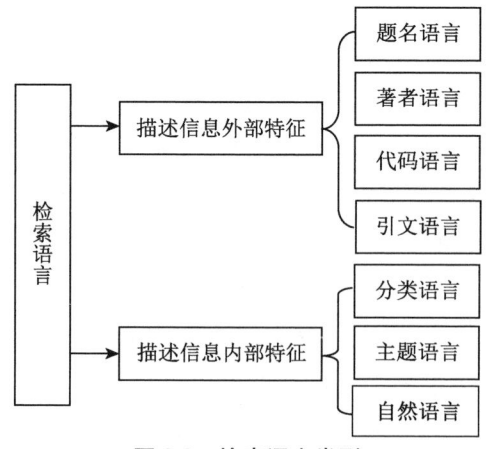

图 2.2　检索语言类型

(1) 分类语言

分类检索语言是用分类法来表达各种信息资源的概念,将各种概念按照学科、专业性质进行分类和系统排列。❶ 分类是人类逻辑思维的一种最基本的形式。分类目录可以向用户展示一个科学分类系统,用户能够通过这个系统查找自己所需要的文献;文献的分类排架,可将文献按照内容之间的关系组成一个藏书分类系统,供用户按照知识关系查找直观、方便地使用文献。分类语言是以号码为基本字符,用分类号和类目表达文献主题概念的检索语言。其特点是用分类号表达各种概念,根据概念之间的关系,把它们组成一个逻辑体系。具体地说,它是以学科分类为基础,按照概念划分的原理,将知识概念从具体到一般、从简单到复杂、从低级到高级、从总到分、从一般到具体逐级划分,每划分一次就形成一批并列的概念——下位概念,它们同属于一个被划分的概念——上位概念。

分类法具有很好的层次性和系统性,具有较强的族性查全功能。这是因为体系分类是一种体现知识分类的等级概念的分类系统,它具有按学科和专业集中地系统地解释情报内容的功能。但它不易反映学科交叉、相互渗透的情况,也不易准确标引或检索主题概念复杂的文献,对于新兴的科学技术也不能迅速反映。

分类法体系虽然具有缺陷,但作为一种检索语言仍具有一定优势,借助它编制的各种分类索引系统有着广泛的应用价值。长期以来,分类法是图书馆整理图书资料、揭示藏书、帮助人们查询检索资料的基本手段。

产生最早、使用最广泛的分类法是图书分类法。文献分类法是按文献的内容、形式、体裁和读者用途等在一定的哲学思想的指导下,运用知识分类的原理,采用逻辑方法(层次型或树型)编制出来的。比较有影响的有《中国图书馆分类法》《国际十进分类法》(Universal Decimal Classification, UDC)和《杜威分类法》(Dewey Decimal Classification and Relative Index, DDC)、《国际专利分类表》(International Patent Classification, IPC)等。

《中国图书馆分类法》(简称《中图法》)是在科学分类的基础上,结合图书的特性所编制的分类法。它将学科分 5 个基本部类、22 个大类。采用汉语拼音字母与阿拉伯数字相结合的混合号码,用一个字母代表一个大类,

---

❶ 于光.信息检索[M].北京:电子工业出版社,2010:26.

以字母顺序反映大类的次序,在字母后用数字表示大类下类目的划分。它作为我国文献分类标引工作的国家标准,被我国图书情报单位广泛应用。

从结构上看,《中图法》由基本部类——基本大类——基本分类简表——详细分类表——复分表组成,按学科门类的自然隶属,层层划分逐级展开而成。简表是分类法的概况,详表则由全部类目组成,是分类法的主体,可称为主表。

例:

 F 经济

  F0

  F1 世界各国经济概况、经济史、经济地理

  F2 经济计划与管理

  F3 农业经济

  F4 工业经济

   F40 工业经济理论

   F41 世界工业经济

   F42 中国工业经济

   F43 亚洲工业经济

每划分一次,就产生许多的类目;逐级划分,就产生许多不同等级的类目。所有不同等级的类目,层层隶属,形成一个严格有序的直线性知识类目的等级体系。被划分的类,即上位类(上位概念),它所划分出的几个子类,即下位类(下位概念)。这几个下位概念之间是同位类(平行关系),而上下位类之间则是隶属关系。如上所示,F0、F1、F2、F3、F4是F的下位类,而它们之间是同位类关系(并列关系)。F40、F41、F42、F43是F4的下位类,而它们之间也是同位类关系。F是这个类所有类目的上位类。

例:

 F42 中国工业经济

  F420 方针政策及其阐述

  F421 工业经济结构与体制

   F421.1 工业国有化

   F421.3 工业所有制形式

    F421.31 全民所有制

第二章　信息检索

  F421.32　集体所有制
  F42 是这个例子中的上位类，F420、F421 是同位类，它们都是 F42 的下位类。F421.1、F421.3 是同位类，它们都是 F421 的下位类。F421.31、F421.32 是同位类，它们同时又都是 F421.3 的下位类。
  （2）主题语言
  主题语言是以语词作为概念标识，并以此标志编排组织和查找文献的检索语言。它用语词直接表达文献的主题,将这些作标识的语词按字顺排列并使用参照系统来间接表达各种概念之间的关系。主题法检索语言是另一种从内容角度标引和检索信息资源的方法。它不像分类法以学科体系为中心,而是利用词语来表达信息资源中论述的主题概念。❶它是一种普遍使用的信息组织方法。该方法提供了一种直接面向具体对象、事实或概念的信息组织方法和信息检索途径。直观性强,检索便捷。
  根据词语的选词原则、组配方式、规范方法,主题词语言可分为标题词语言、关键词语言和叙词语言。
  ①标题词语言。标题词语言是以标题词作为文献内容标识和检索依据的一种主题词语言。标题词是来自自然语言中比较定型事物的名称,并经规范化处理的能表达文献主题内容的词、词组或短语。❷标题法的主要特征是事先编表,标题词以固定的组合方式组织在主题表中,形成标题,检索按既定组配执行。标题表通常由一个主表和若干个辅助表组成。它属于先组式规范化的检索语言。标题词一般包括主标题词和副标题词两级,主标题词表示事物本身概念,一般是事物或过程的名称,副标题词表示事物的各个方面,如性质、部分、方法操作等,副标题词是主标题词集合下的一个子集。因此,即使一个涉及众多学科或较深内容的专题,也可以通过标题词表,从一般的主题词集合的角度来检索,主标题词和副标题词固定组配、按字顺排列。《美国国会图书馆标题表》(LCSH)是当今最著名的标题表。标题法比较直观、容易掌握;查找速度快,但查全一门学科或具某一属性事物的文献却较为困难。
  ②关键词语言。关键词语言是以关键词作为文献内容标识和检索依据的一种主题词语言。关键词语言选自文献题目、摘要、正文中具有实质意义

---

❶　于光.信息检索[M].北京:电子工业出版社,2010:27.
❷　张林龙.实用信息检索[M].上海:上海中医药大学出版社,2004:18.

的语词。❶ 关键词语言是不受词表控制的非规范化语言。美国的《化学文摘》(Chemical Abstracts,CA)关键词索引就是以关键词语言来编辑的。由于关键词不受词表控制,能深入、直观地揭示信息中所包含的知识,而且符合人们的思维习惯,因此关键词法在信息组织中得到了广泛应用,适合于计算机自动编制各种类型的关键词索引。网上各种各样的搜索引擎和数据库大多采用了关键词法组织信息资源,如网易、搜狐等,中国科技期刊数据库等也使用了关键词法来组织信息。由于关键词法的词语不规范,影响了文献信息的查全率和查准率。

主题词与关键词最大的区别就是主题词不同于自然语言,它是将自然语言中的词语经过人工规范后的语言,经过了规范化处理主题词是规范化的检索语言,它对文献中出现的同义词、近义词、多义词,以及同一概念的不同书写形式等进行严格的控制和规范,使每个主题词都含义明确,以便准确检索,防止误检、漏检。如:白介素、白细胞介素 IL2 等表达同一概念的不同书写形式规范为"白细胞介素 2"。主题词表是对主题词进行规范化处理的依据,也是文献处理者和检索者共同参照的依据。而关键词是属于自然语言的范畴,未经规范化处理,也不受主题词表的控制。"白细胞介素 2"这一概念可有白介素 2、白细胞介素 2、IL2、IL-2 等不同形式来表达。主题词检索比较规范和精准,而关键词则比较自由。

③叙词语言。叙词是将自然语言的词语概念,经过规范化和优选处理,通过组配来标志文献主题的方法。叙词具有概念性、描述性、组配性的特点。❷ 叙词语言是主题语言的高级形式,叙词是从文献内容中抽选出来的、从概念上不可再分的基本概念单元词汇。检索时利用这些表达概念单元的叙词进行组配,以表达一个复杂的概念。叙词语言是近代用途较广,既适用于手工检索,又适用于计算机检索的后组式检索语言,是目前应用较广的一种主题检索语言。CA、EI 等著名检索工具都采用了叙词法进行编排。我国目前使用最广的《中国分类主题词表》(前身是《汉语主题词表》)就属于叙词法,有电子版和印刷版两种形式。《中国分类主题词表》是分类主题一体化的词表,与中图法相对应,这对文献信息的组织和检索十分方便。下面是

---

❶ 张林龙.实用信息检索[M].上海:上海中医药大学出版社,2004:18.
❷ 于光.信息检索[M].北京:电子工业出版社,2010:29.

它的主题词款目片段：

Xian Xiang guan	主题词的汉语拼音
显像管	款目主题词
Picture tubes	主题词英译名
0626.11	中图法类号
D 电视显像管	非正式主题词
监视管	
F 彩色显像管	下位概念
固体显像管	
黑白显像管	
S 电子束管	上位主题词
Z 电子管*	族首词
C 显示管	相关词
指示管	

可以看出，各个主题词及其之间的关系是严格控制的，从而构成一个严密的语义网络，为建立高效的文献信息检索系统提供了保证。

（3）纯自然语言

纯自然语言完全使用自然语言，即对一条完整信息中的任何词汇都可以进行检索。它采用全文匹配法检索，❶这种方法又称文本检索或全文检索。全文检索可以是整个文本，包括文章、专利或整本书，也可以是标题、文摘等。主要运用于计算机全文数据库和网络信息检索。近年来，随着电子文本的普及，全文检索逐渐成为检索的重要方法之一。

（4）主题法与分类法的比较

两种检索方法出发点是相同的，都是从文献的主题出发，分类法的类目与主题法的标题某种意义上都可以说是主题。但它们双有各自的特性，主要表现如下。

①基本特征不同：分类法的基本特征是知识的系统性，主题法的基本特征是知识的特指性。分类法主要揭示文献中所论述的问题，它从文献的内容出发，将研究对象置于一定的学科体系之下。各个类目相互关联、层层展

---

❶ 肖亚明,尹志清,王涛.信息检索与利用[M].天津:天津大学出版社,2009:39.

开。下位类的意义必须借助于上位类才能明确;上位类的意义必须通过下位类才能体现。这种类目之间的从属、并列、交替的关系,有严格的秩序。因此,分类法具有很好的系统检索、浏览检索功能,便于总览全局、触类旁通。但分类法的体系庞大复杂,不容易掌握,对细小专深的主题也难于揭示和检索。

主题法直接用名词术语作为检索词,表达概念较为准确和灵活,直接性、专指性、易用性是主题法的主要特征。主题法只注意揭示文献中所论述与研究的对象,各个主题词之间是相对独立的,主题词只是按字顺排列在一起,因此系统检索某一知识领域的文献信息是困难的。

②标识符号不同:分类法采用间接的字母或数字标识系统,是以人为语言作为文献信息的标识符号,须经过专业培训或系统说明才能让检索者掌握。主题法采用直接的词语标识系统,是以自然语言作为文献信息主题的标识符号,很直观,检索者易懂易检。

③适用对象不同:主题法能很好地适用于自动化设备,有利于自动化检索,便于实现文献信息工作的自动化、网络化。分类法虽然也能用于计算机检索,但它主要适用和侧重于编制手工检索工具。在计算机检索上没有主题法直观。

分类法和主题法的差异形成的各自的特点,二者互有长短,它们也不是互不联系,而是在发展中互相渗透,取长补短。比如,分类法的单线系统学科逻辑序列,很难反映边缘与交叉学科,为了满足这一需要,现在分类法采用组配复分等措施来弥补这一缺点。因此,分类法与主题法功能是互为补充的。在检索时,最好把二者结合起来,才能更有利于查全、查准相关的文献信息。

第五节 信息检索方法

目前,查找文献信息的方法(方式)归纳为如下三种。

一、直接法

直接利用检索工具(系统)检索文献信息的方法,是文献信息检索中最常用的一种方法。它又分为顺查法、倒查法、抽查法。

(1)顺查法

按课题的起如年代,按时间顺序由远及近地查找,直到查得的文献信息可以满足要求为止。❶ 由于逐年查找,故查全率较高,而且在检索过程中可以不断地筛选、剔除参考价值较小的文献,因而误检的可能性也较小。这种方法能收集到待检课题全面而系统的文献。比如,已知某课题的起始年代,现在需要了解其发展的全过程,就可以用顺查法从最初的年代开始,逐渐向近期查找。

(2)倒查法

与顺查方式相反,倒查方式利用选定的检索工具,由近及远(由现在到过去)地进行逐年检索,直到满足信息检索的需要为止。❷ 使用这种方法可以最快地获得最新资料,一般用于新开课题,比较注意近期的文献,以便掌握最近一段时间该课题所达到的水平及研究动向。

(3)抽查法

针对学科发展特点,选择有关该项目的文献信息最可能出现或最多出现的时间段,利用检索工具进行重点检索的方法。能以较少的时间获得较多的文献。

目前计算机检索高度发达,各检索系统提供基本检索、高级检索、专业检索、句子检索、导航检索等直接明了的检索方式,在检索过程中可通过学科、发表年度、研究层次、被引等形式筛选文献,为读者展现了丰富强大的直接检索入口。

二、追溯法

不利用一般的检索工具,而是利用已经掌握的参考文献,进行逐一地追溯查找"引文"的一种最简便的扩大信息来源的方法。它还可以从查到的"引文"中再追溯查找"引文",像滚雪球一样,依据文献间的引用关系,获得越来越多的相关文献。现阶段一些数据库利用计算机对关联文献检索的便捷性,建成强大的引文网络,对每篇文献的共引文献、同被引文献、引证文献、参考文献做了无缝链接,为用户提供了强大的追溯入口。

---

❶ 肖亚明,尹志清,王涛.信息检索与利用[M].天津:天津大学出版社,2009:41.

❷ 同上。

三、综合法

综合法又称为循环法,它是把上述两种方法加以综合运用的方法。综合法既要利用检索工具进行常规检索,又要利用参考文献、共引文献、同被引文献、引证文献等进行追溯检索。即先利用检索工具(系统)检到一批文献,再以系统为这些文献提供的引文网络进行查找,如此循环进行,直到满足要求时为止。综合法兼有直接法和追溯法的优点,可根据文献和引文网络情况分期分段交叉运用不同的查找方法,既能扩大信息来源,还可节约查找时间,查得较为全面而准确的文献,是实际中采用较多的方法。对于查新工作中的文献检索,可以根据查新项目的性质和检索要求将上述检索方法融汇在一起,灵活处理。

第六节 信息检索技术

传统的手工检索采用人工匹配的方式,由检索人员通过手工查询和判断进行检索,并做出文献选择,耗时长、文献来源受限。而在当今信息化时代,信息检索技术主要指计算机检索的常用技术。为了提高检索效率,计算机检索系统常采用一些运算方法,从概念相关性、位置相关性等方面对检索提问实行技术处理。目前,这些信息检索技术在联机检索系统,以及网络信息检索系统中都有较为广泛的应用。

一、布尔逻辑检索

布尔逻辑检索是利用布尔逻辑算符对多个检索词进行逻辑组配,以利于对复杂课题进行充分而高效检索的方法。布尔逻辑检索是当今检索理论中最成熟的理论之一,[1]是现代信息检索系统中最常用的一种技术。也是构造检索表达式的最基本、最简单匹配模式,因为在检索实际中,检索提问涉及的概念通常不止一个,而同一个概念又往往涉及多个同义词或相关词。为了正确地表达检索提问,系统中采用布尔逻辑运算符将不同的检索词组

---

[1] 于光.信息检索[M].北京:电子工业出版社,2010:31.

配起来,使一些具有简单概念的检索单元通过组配成一个具有复杂概念的检索式,用以表达用户的信息检索要求。目前各大数据库和一些门户网站都提供了这种检索技术。布尔逻辑检索算符有逻辑与 AND(*)、逻辑或 OR(+)、逻辑非 NOT(-)三种。

(1)逻辑与 AND(*)

逻辑与 AND(*):这是一种用于交叉概念或限定关系的组配,可以缩小检索范围,❶有利于提高检索的专指性,提高查准率。

例如,查找"车用天然气发动机燃料"方面的文献,可以将概念分解为:"汽车""天然气发动机"和"燃料"三个基本概念。如用 A、B、C 三个圆分别代表"汽车""天然气发动机"和"燃料",则三圆交叉的部分才是三个检索词同时存在的文献记录。如下图所示。

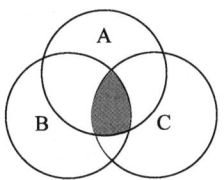

图 2.3 汽车 * 天然气发动机 * 燃料

(2)逻辑或 OR(+)

逻辑或 OR(+):这是一种用于并列概念的组配,❷一般用于相同概念的不同词,如同义词、相关词等,以增加文献命中的数量,不遗漏相关文献。可以扩大检索范围,避免漏检,提高了查全率。例如,查找"计算机"方面的文献,不能确定主题词用"计算机""电脑"还是"微机",可以将概念扩展为"计算机""电脑"和"微机"等几个基本概念采用逻辑"或"组配。如下图 A、B、C 三个圆分别代表"计算机""电脑"和"微机",则 A or B or C=计算机+电脑+微机的其中任何一个词或两个词同时存在的所有文献记录。

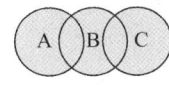

图 2.4 计算机+电脑+微机

---

❶ 于光.信息检索[M].北京:电子工业出版社,2010:31.
❷ 同上。

（3）逻辑非 NOT(-)

逻辑非 NOT(-)：用于从原来的检索范围中排除不需要的概念或影响检索结果的概念。用逻辑非，能够缩小命中文献范围，提高查准率。[1] 例如，查找"非柴油的燃料"的文献，用 A、B 两圆分别代表"燃料""柴油"，则阴影部分为从燃料中排除了柴油的文献。再如，查找与"苹果"有关的水果资料，而不是"苹果"牌电脑、"苹果"牌手机、"苹果"牌牛仔裤、"苹果园"等，可以用逻辑非组配：苹果 NOT 电脑 NOT 手机 NOT 牛仔裤 NOT 园。

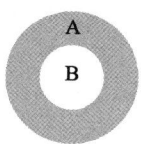

图 2.5　燃料-柴油

布尔逻辑算符使用注意事项如下。

可以使用括号改变执行顺序。如果一个提问式中有多个逻辑算符，则它们的执行顺序是：NOT、AND、OR，根据课题，需要先执行的部分可用括号标出，如(A+B)＊C。

不同系统对 AND、OR、NOT 的运算次序有不同的规定。

应慎重使用逻辑非，以免排除有用信息，造成漏检。[2]

二、截词检索

截词检索是指在检索式中用专门的符号（截词符号）表示检索词的某一部分允许有一定的词形变化。截词，就是指在检索词的适当位置截断，用被截断的词的一个局部进行检索，是检索词与数据库所存储信息字符的部分一致性匹配检索，又称部分一致检索。在西文检索系统中，使用截词符处理自由词，对提高查全率的效果非常显著。截词检索可以扩大检索范围。[3] 截词符用？或＊表示，前者通常表示有限截断，后者表示无限截断。由于西文的构词特性，在检索中经常会遇到名词的单复数形式不一致；同一个意思的

---

[1] 于光.信息检索[M].北京：电子工业出版社,2010:31.
[2] 于光.信息检索[M].北京：电子工业出版社,2010:32.
[3] 肖亚明,尹志清,王涛.信息检索与利用[M].天津：天津大学出版社,2009:60.

词,英美拼法不一致;词干加上不同性质的前缀和后缀就可以派生出许多意义相近的词等。截词检索作用是提高查全率。它主要应用于西文电子资源的检索。按照截断的位置来分,截词有以下四种:后截断、前截断、中间截断、前后截断。截词检索是计算机检索系统中应用非常普遍的一种技术。这是就要用到截词检索。

(1)后截断

它是最常用的截词检索技术,它将截词符号置于一个字符串右方,表示其右面的有限或无限个字符不影响该字符串的检索,也称为右截断。❶ 从检索性质上讲,前截断是前方一致检索。

例如,输入 transplant* ,则前 10 个字符为 transplant 的所有词均满足条件,因而能检出含有 transplanted、transplanting 等相关词。

使用后截断有可能检索出无关词汇,尤其是在使用无限后截断时,所选词干不能太短,否则将造成大量误检,或发生溢出,导致检索失败。

(2)前截断

它将截词符号置于一个字符串左方,表示其左面的有限或无限个字符不影响该字符串的检索,也称为左截断。从检索性质上讲,前截断是后方一致检索。❷

例如,输入 *physics 就可检索到 physics、astrophysics、biophysics、chemophysics、geophysics 等词汇。

(3)中间截断

它将截词符号置于一个检索词的中间,表示这个位置上的有限个字符的异同不影响该检索词的检索,也称为屏蔽。它对于解决英、美不同拼法、不规则的单、复数变化等很有用。❸

例如,输入 defen?e 可检索出 defence 和 defense,wom?n 表示 woman 和 women 等词汇。

(4)前后截断

它是将前截断和后截断结合使用。❹ 词干的前后各有一个截词符,允许

---

❶ 于光.信息检索[M].北京:电子工业出版社,2010:32.
❷ 同上.
❸ 同上.
❹ 于光.信息检索[M].北京:电子工业出版社,2010:33.

检索词的前端和尾部各有若干变化形式。

例:输入?computer?可检索 computer、computers、computerize、computerized、computerization、minicomputer、minicomputers、microcomputer、microcomputers 等词汇。

三、位置检索

位置检索也叫全文检索、邻近检索。所谓全文检索,就是利用记录中的自然语言进行检索,词与词之间的逻辑关系用位置算符组配,对检索词之间的相对位置进行限制。这是一种可以不依赖主题词表而直接使用自由词进行检索的技术方法。常用的位置算符有以下几种:(W)算符、(nW)算符、(N)算符、(nN)算符、(S)算符、(F)算符。❶

(1)(W)算符

W 是 With 的缩写,(W)表示其两侧的检索词必须按前后顺序出现在记录中,这个算符表示其两侧的检索词必须紧密相连,除空格和标点符号外,不得插入其他词或字母,两词的词序不可以颠倒。(W)算符严密性较强,它基本等价于词组检索,可以简写为( )。

例:检索式为 communication(W)satellite 时,系统只检索含有 communication satellite 词组的记录。

(2)(nW)算符

W 是 Words 的缩写,n 为自然数。(nW)表示其两侧的检索词之间允许最多插入 n 个实词或虚词,但它们之间的位置不能颠倒。检索词之间不允许有其他的词或字母,但允许有空格或连字符号。

例:检索式为 laster(1W)print 可检索出包含 laser printer、laster color printer 和 laster and printer 的记录。

(3)(N)算符

N 是 near 的缩写,(N)表示其两侧的检索词必须彼此相邻,并且这两个检索词的次序任意。

例:factory(N)automation 可检出 factory automation 和 automation factory 的信息。

---

❶ 于光.信息检索[M].北京:电子工业出版社,2010:33.

(4)(nN)算符

它表示在其两侧的检索词之间允许最多插入 n 个单词,并且两词词序可以改变。

例:检索式为 information(lN)retrieval 可检出 information retrieval 或 retrieval of information 的信息。

(5)(S)算符

S 是 subfield 的缩写,(S)表示在此运算符两侧的检索词必须出现在记录的同一个子字段内。比如,在文摘中的一个句子就是一个子字段,此信息即被命中。要求被连接的检索词必须同时出现在记录的同一句子(同一子字段)中,不限制它们在此子字段中的相对次序,中间插入词的数量也不限。

例:检索式 high(W)strengh(S)steel 表示只要在同一句子中检索出含有 high strengh 和 steel 形式的均为命中记录。

(6)(F)算符

F 是 field 的缩写,(F)表示其两侧的检索词必须出现在同一个字段中,如篇名字段、叙词字段、文摘字段等,词序不限,并且夹在其间的词量不限。

例:检索式 Pollution(F)control 表示一篇标题为 Control and Management of Industrial Pollution 的文献记录为命中文献。

四、字段限定检索

字段限定检索是利用检索字段符来限定检索字段,即指定检索词在记录中出现的字段。特别在使用自由词进行全文检索时,需要用字段限制查找的范围。检索时,计算机只对限定字段进行运算,这是提高检索效率的措施之一。

检索字段符分为两类,即后缀方式和前缀方式。前者对应于基本索引,反映文献的主题内容;后者对应于辅助索引,反映文献的外部特征。[1] 常用的字段代码有/TI(篇名)、/AB(文摘)、/DE 或 CT(叙词)、/ID(自由词)、AU=(作者)、ISBN=(ISBN 号)、CC=(分类号或类目名称)、CD=(会议日期)、CS=(机构名称)、DT=(文献类型)、JN=(刊名)、PY=(出版年)等。

---

[1] 于光.信息检索[M].北京:电子工业出版社,2010:33.

五、加权检索

加权检索是某些检索系统中提供的一种定量检索技术。加权检索同布尔检索、截词检索等一样,也是文献检索的一个基本检索手段,但与它们不同的是,加权检索的侧重点不在于判定检索词或字符串是不是在数据库中存在、与别的检索词或字符串是什么关系,而是在于判定检索词或字符串在满足检索逻辑后对文献命中与否的影响程度。

加权检索的基本方法是:在每个提问词后面给定一个数值表示其重要程度,这个数值称为权,❶在检索时,先查找这些检索词在检索库记录中是否存在,然后计算存在的检索词的权值总和。权值之和达到或超过预先给定的阈值,该记录即为命中记录。运用加权检索可以命中核心概念文献,因此它是缩小检索范围提高检准率的有效方法。但很多数据库还没有提供加权检索这种检索技术。

六、模糊检索

模糊检索是根据检索对象的模糊特征来查找所需内容。在以往的信息检索领域,通常通过采用精确的查询条件来获取查询结果。但在实际使用中,有许多查询条件不能精确定义,查询结果却是一组与查询条件近似匹配的对象,其中包含了模糊概念,这就是模糊查询。

模糊查询接口是用户输入模糊查询条件的人机交互接口,模糊特征的描述实际上往往由用户的主观性所决定。要使用户模糊查询描述更精确,还需进行模糊特征的调整。用户用模糊概念输入特征,计算机通过用相似性计算公式求得库中一些与用户输入特征相近的对象,返回给用户,然后由用户从结果中选择一个对象作为目标对象,并用模糊术语来调整参考对象的特征,这些模糊术语又被转化为一定的数值,经过相似性匹配求出更相似的对象。模糊相似性度量是实现模糊相似匹配的核心,常用模糊相似距离来作为检查模糊查询向量和模糊图像向量之间的相似性的度量标准。

---

❶ 肖亚明,尹志清,王涛.信息检索与利用[M].天津:天津大学出版社,2009:63.

第七节 信息检索步骤

检索课题的需要虽各不相同,但为了达到检索目的,都要利用一定的检索工具和数据库,按照一定的途径与方法才能检索出需要的文献。大致要经过以下步骤:

用户—分析研究课题—选择检索工具(系统)—确定检索途径—确定检索方法与检索技术—实施检索—调整检索策略(检索结果评价:满意—索取原文;不满意—返回主题分析重新检索)—获取检索结果并整理。

一、分析研究课题

分析课题是检索的准备阶段,要求仔细、全面。对课题进行分析,明确学科或专业的范围,弄清检索的真正意图及实质。[1] 比如:信息要求的是数据、事实还是相关文献;语种和年限;需要的文献级次;检索的侧重点是查全还是查准等。同时还要在分析的基础上形成主题概念,包括所需信息的主题概念有几个?概念的专指度是否合适?哪些是主要的?哪些是次要的?课题的国内外研究进展情况等。

可从以下几方面确定检索范围:

(1)专业范围。
(2)时间范围。
(3)地理范围。
(4)语种范围。
(5)信息类型。
(6)研究进展。
(7)需求程度。

在初步确定检索范围后,需对研究课题进行主题分析。主题分析是在明确检索目的的基础上进行的。检索目的不同,主题分析选取范围的广度与深度则不同。若要系统、全面收集有关信息,选取主题范围的面要宽些,

---

[1] 肖亚明,尹志清,王涛.信息检索与利用[M].天津:天津大学出版社,2009:46.

所得信息的泛指性要强些;若需有关信息为某一技术问题提供解决的方案作参考或借鉴,选取主题范围的面要窄些,所得信息的专指度要高些。

检索主题词的选择与确定,主要遵循以下两个原则。

(1)根据检索课题所涉及的学科专业内容来选词。少数检索课题,可直接选用课题名称中的主要概念作检索词。

(2)根据检索课题所拟的具体内容来选词。大多数检索课题,须从专业、技术的角度对研究内容进行仔细分析,才能找出全面确切表达主题概念的检索词。

二、选择检索工具(系统)

在确定是通过手工检索还是计算机检索的基础上,根据检索目的和信息需求选择最恰当、全面、权威、适用的检索工具或参考工具或数据库。因为不同类型的信息需求,其检索工具往往也不同。检索工具的选择是否适当将直接影响检索效果的好坏。

在检索文献信息时,要确定利用哪些检索工具,以哪种检索工具为重点来查找文献。在选择检索工具时,应考虑的因素如下:

(1)检索工具的适用范围。

(2)检索工具报道文献的学科专业范围。

(3)检索工具所报道的文献类型。

(4)检索工具所收录文献的语种。

(5)检索工具提供的检索途径。

(6)检索工具收录的时间范围。

(7)有机检工具一般不选择手检工具。

(8)能下载原文的检索工具。

三、确定检索途径

查找文献时,可根据文献的外部与内容特征确定检索的途径。一是反映信息内容特征的(主题、分类)途径,二是反映信息外部特征的(著者、题名、代码、引文等)途径。上述两类途径构成了信息检索的整个检索途径体系。但外部特征所形成的途径所检出的信息是特定的、不全面的;而从主题与分类途径所检出的信息面广,相关信息多。因而选择不同的检索途径,所获得的检索效果也将不同。这就需要根据检索需求选择一种或多种检索途径配合使用,同时还要考虑计算机检索系统能否支持等因素。各种检索途径中,分类途径和主题途径是最常用的途径。分类途径适合于族性检索,主题途径适合于特性检索,两者互相配合则会取得比较好的检索效果。其他几种途径都是辅助性的检索途径。

参考的意见如下。

(1)优先从已知信息特征选择检索途径

如果事先已知信息题名、著者、代码等条件,应优先采用题名、著者、代码等进行检索,比较准确、快速、方便和有效。之后再根据检索需求和检索结果配合分类途径或主题途径使用,即从分类途径或主题途径查出一批信息,掌握一些相关题名或著者信息,筛选后再进行追溯检索,能收到准确而全面的检索效果。

(2)从具体需求选择检索途径

如果信息检索的泛指性较强,也就是说所需信息的范围广,要求"特性检索",则选用主题途径为好。检索途径选择不当,将会造成误检和漏检,影响检索效果。如果信息检索的专指性较强,有很具体的点的需求,如查询某个著者的全部著作,则只需根据著者姓名进行单一检索即可。

(3)从检索工具提供的检索途径综合考虑

因为不是每个网站和数据库都能提供检索者所需的全部检索途径。检索者应根据所查检索工具提供的检索途径,优先选择一种检索途径,再配合其他检索途径进行辅助。选择检索途径要全面、综合地考虑,因为各种检索途径都有其利弊,只有全方位、多途径地选择适合检索要求的检索途径,才能达到取长补短、事半功倍的检索效果。

四、确定检索方法与检索技术

确定检索工具后就需确定检索要采用的主要检索方法。42-44页介绍了查找文献的各类检索方法,应根据现有检索条件、检索需求、信息背景等因素来选择检索方法或综合几种检索方法。同时注重各种检索系统所提供的检索技术是什么,44-50页介绍了布尔逻辑检索、位置检索、截词检索、字段限定检索、加权检索、模糊检索技术,根据系统所提供的检索技术再配合课题需求对检索技术进行优先选择与综合利用。通常在数据库检索中要用到高级检索、二次检索和多种下拉菜单的限制选择来缩小检索范围,提高查准率;又要利用相关与相近概念及扩检技术来达到较高的查全率,充分体现检索方法与技术在检索过程中,对检索结果的质量与范围的控制。

五、实施检索、调整检索策略

在手工检索年代,由于受到检索方式的限制,在得到一次检索结果后对检索策略调整的可能性很少。对检索策略调整是计算机检索的优越性所在。所谓信息检索策略,即将课题的提问及其检索词与检索工具的收录内容、编排特点相匹配而确定的检索方案或程序。

参考意见如下。

(1)分析主题

(2)科学构造检索式

科学地表达检索需求的检索提问非常重要,对检索课题的标引要准确,检索式是信息检索中用来表达用户检索提问的逻辑表达式,它是检索技能的综合体现。编制检索提问式要综合、灵活地运用计算机检索系统提供的各种检索功能,必须以能实现检索目标为前提条件。

(3)调整检索策略

检索过程是一个动态的随机过程,在某些检索环节中,会不可避免地产生一些和检索目标相差甚远的现象。检索词过宽或偏窄而造成扩检或漏检,检索词不规范而引起的误检等。所以,有必要在评价检索效果的基础上,对检索结果进行信息反馈,便于重新修正检索策略,调整检索手段,进行新一轮的循环检索,从而实现检索目标的完善。获得第一次查检结果后,若满意度高则可不调整检索策略,若不满意或满意度不高就需用扩检或缩检等方法对检索策略进行调整。检索过程通常需经过多次反复实践才能获得比较满意的检索结果。

六、获取检索结果并整理

文献检索的目的是索取原始文献。索取原始文献是检索文献的最后一个步骤,也是至关重要的一个步骤。所以在最开始检索时尽量选择能下载原文的检索工具。如果所在依托的检索工具无法下载某些原文,那么检索者应先识别其文献类型,可根据文献出处中已有的信息,判断其出版类型,通过馆际互借、某些公共图书馆网站提供的公众免费资源、利用检索结果中提供的著者或出版机构的 E-mail 地址,与其联系等方式获取原文。如贵州省数字图书馆,购买了中国知网的期刊、学位论文等数据库提供给公众免费使用,这些免费资源很多可点击全文链接来访问原文。不能直接点击链接的用户只需登录其网站注册一个用户名,即可通过邮箱进行文献传递。

通常我们获得的检索结果是凌乱的、不系统的,交叉重复、甚至是互相矛盾优劣并存,这就要求对它们加以分析、整理、组织与重组,去粗取精、去伪存真,提取有用的信息。

(1)对获取结果进行比较鉴别

对搜集来的原始资料进行质量上的评价和核实,判断其真实性,若资料本身不真实则应舍去。

(2)分类整理

分类建立多个文件夹,通过主题相关程度分门别类将获取结果放入不同文件夹中,在同一文件夹中还可根据获取信息的文献类型、研究时间、研究著者或单位、研究论点等进行细分,以便有序提取。

第八节　检索效果的评价

检索效果是指利用检索系统(或工具)开展检索服务时所产生的有效结果。[1] 在信息检索时,检索者总希望将检索系统中与所需信息相关的全部记录都检索出来,总是希望能够明确地知道自己的检索效果。计算机检索效果如何,直接反映检索系统的性能。常用的信息检索效果评价指标有查全率(RecallRatio)、查准率(Precision Ratio)、漏检率(Miss Ratio)、误检率(Nois Ratio)、收录范围(Coverage)、响应时间(Response Time)、用户负担(User Effort)和输出形式(Form of Output)。其中查全率和查准率是目前文献检索理论中流行的衡量检索效果最重要且最常用的量化评价指标。[2]

---

[1] 肖亚明,尹志清,王涛.信息检索与利用[M].天津:天津大学出版社,2009:44.
[2] 张林龙.实用信息检索[M].上海:上海中医药大学出版社,2004:26.

一、查全率和查准率

查全率是指系统在进行某一检索时,检出的相关文献数占系统中相关文献总数的百分比。[1] 它反映该系统文献库中实有的相关文献量在多大程度上被检索出来,是衡量信息检索系统检出相关文献能力的尺度。

查准率是指系统在进行某一检索时,检出的相关文献数占检出文献总数的百分比。查准率反映检索准确性,是衡量信息系统拒绝非相关信息的能力。[2]

查全率的误差为漏检率,查准率的误差为误检率。其数学表达式如下:

$$查全率(R) = \frac{检出的相关信息量}{系统中的相关信息总量} \times 100\% = \frac{a}{a+c} \times 100\%$$

$$查准率(P) = \frac{检出的相关信息量}{检出的信息总量} \times 100\% = \frac{a}{a+b} \times 100\%$$

表2.1 查全率与查准率信息总量关系表

检索情况 \ 相关情况	系统中相关信息总量 (a+c)	系统中非相关信息总量 (b+d)
检出的信息总量 (a+b)	检出的相关信息量(命中的) (a)	检出的非相关信息量(误检的) (b)
未检出的信息量 (c+d)	未检出的相关信息量(漏检的) (c)	未检出的非相关信息量(应拒的) (d)

二、影响查全率和查准率的主要因素

影响查全率和查准率的因素很多,但都包含在检索系统编制质量和检索方法这两者之中。

(1)信息系统的影响

①收录文献不全面,有的只收录了文摘而无全文;

---

[1] 张林龙.实用信息检索[M].上海:上海中医药大学出版社,2004:26.
[2] 同上。

②信息标引不规范甚至错误；
③词表结构不够完善；
④信息标引缺乏深度；
⑤组配规则不严密。
（2）检索方法的影响
①对课题内容分析不到位；
②检索提问错误，用词不当；
③检索词缺乏广泛性或专指性；
④检索工具选择不恰当；
⑤检索方法和途径过少；
⑥组配不当或错误。

人为检索过程中影响检索效果的主要因素有信息标引的广泛性和标识的专指性。标引的广泛性是指标引时揭示信息主题基本概念的广度而言，是支配查全率的重要因素；检索标识的专指性是指检索标识表达主题的基本概念的专指度而言，是支配查准率的重要因素。人为的检索因素往往会引起查全率和查准率的同时下降。人为因素也称"不合理影响因素"。由此造成的误查和漏查称为"不合理误查"和"不合理漏查"。如"计算机在信息检索中的应用"的有关文献，经过主题分析后，选出"计算机""信息检索"和"计算机应用"三个检索词。从主题的广泛性来看，计算机还有"电脑""微机"等用语，从主题的专指性来看，计算机的下位概念是"电子计算机"，信息检索也还包括"文献检索""数据检索"和"事实检索"，这些词都应考虑，否则就可能影响查全率和查准率。通常，选用泛指的检索词，或尽可能增加与检索主题概念相关的检索词的数量，则查全率就高；选用专指性的检索词或由若干个检索词组配的专指概念的检索词，则查准率就高。掌握了这些方法和技能，并在具体检索中合理运用，就能得到满意的检索结果。

三、查全率和查准率的关系

查全率是衡量系统检索出与课题相关信息的能力；查准率是衡量系统拒绝非相关信息的能力。检索者的通常希望查全率和查准率均能达到100%，这实际上是不可能的。一般来说，查全率和查准率之间存在着矛盾的互逆关系。查全率和查准率之间的互逆相关性，是由英国 C.W.Cleverdon 领导的 Cranfield 实验所发现的。❶ 即在同一个检索系统中,当查全率与查准率处于最佳比例关系时,查全率提高,检出的相关文献量增加,却导致不相关文献检出反而降低查准率;反之亦然。通常情况下,查全率控制在60%~70%,查准率控制在40%~100%是最好的检索结果。❷ 在排除人为因素的情况下,任何提高查全率的措施都会降低查准率;如果提高检索词的专指性,排除非相关信息,但是同样也降低了查全率。可见,查准率和查全率同时提高是不可能的。其根本原因不在检索系统本身,而是在检索对象上,因为信息所反映的各个学科知识之间的普遍联系性,各种信息之间是相互渗透、相互包容的,无论怎样调整检索策略,无论怎样改进检索系统的质量,查全率和查准率不可能同时达到100%。

四、查全率和查准率的合理运用

不同的课题,对检索信息相关性的要求不同,即使同一课题,随着时间、地点、条件的不同,对检索信息的相关性要求也会有很大出入。例如,在刚进行一项新的研究计划时,对查全率要求比较高,最好不漏掉任何一个有关研究项目的信息;而在随着研究的进展,又需要在查全基础上逐步利用限制检索来逐步提高查准率。而且在研究过程中,还得根据实际需求灵活调整查全率和查准率的比例关系。必须同时兼顾查全和查准,不可片面追求某一方面。

因此,上述所说的查全率和查准率,都是相对的查全率和查准率,而不是绝对的查全率和查准率。它们只能近似地描述检索效果。在评价检索效果时,必须谨慎使用这两个概念。

---

❶ 肖亚明,尹志清,王涛.信息检索与利用[M].天津:天津大学出版社,2009:45.
❷ 张林龙.实用信息检索[M].上海:上海中医药大学出版社,2004:26.

第三章　书目信息检索

第一节　书目相关知识

一、书目的概念

书目是一批相关文献著录的集合,并按一定次序编排组织而成的揭示和报导文献,可用于检索文献的工具。❶

当人们需要查询图书馆或其他一些文献收藏机构的相关文献信息时,面对庞大的收藏文献,不可能靠自己手翻眼看就能获得所有目标文献。这时必然要用到一个重要的文献信息检索工具—目录。书目是读者与知识之间的桥梁、路径。无论是手工编目产生的卡片目录,还是通过计算机编目产生的机读目录,都成为了引领使用者走向知识的殿堂,打开知识宝库的金钥匙。

二、书目的类型

目前,大概有以下几种书目分类方法。

（1）按编制目的和社会功能:登记性目录(国家书目)、学科通报性目录、推荐书目、专题和专科目录(《中国农学书目》)、书目指南(《全国图书馆书目汇编》)、出版发行书目、全国大中专教学用书汇编《教目》、科技新书目、社科新书目。

（2）按文献收藏范围:馆藏目录、联合目录。

（3）按目录收录文献内容范围:综合目录、专题专科目录、个人著述目

---

❶ 张永忠.信息检索与利用[M].上海:复旦大学出版社,2010:26.

录、地方文献目录。

(4)按文献不同出版形式:图书目录、报刊目录、地图目录、专利目录、标准目录。

(5)按收录文献出版时间和目录编制时间:现行目录、回溯目录、预告目录。

(6)按编排方式:分类目录、字顺目录。

(7)按揭示文献程度:题录、提要目录、文摘等。

(8)按文献载体形式:卡片式目录、书本式目录、缩微目录、机读目录等。

(9)按检索途径:题名目录、责任者目录、分类目录、主题目录等。

三、书目的内容

前面提到,书目是一批相关文献著录的集合。在我国国家标准《文献著录总则》中,将"著录"的概念规定为:在编制目录时,对文献内容和形式特征进行分析、选择和记录的过程。必须指出,"著录"与"编目"不同,有人往往将它们等同起来,其实,编目包括文献著录、文献标引、目录组织,著录只是编目工作的内容之一。文献著录是编目工作的第一步,目录组织是编目工作的第二步,后者必须以前者为前提。著录后形成的款目是对文献的形式特征和内容特征进行高度概括和浓缩,款目是形成书目的基本单元,目录质量的优劣就在很大程度上取决于文献著录。可以说,它是编目工作的基础。

现在,卡片目录基本被机读目录取代,机读目录的出现是图书馆文献目录发展史上的重大变革,利用它可以加快编目与检索速度,扩大检索范围,提高编目质量,有利于实现集中统一编目和联机检索。下面将对机读目录的款目进行简要介绍。

(1)MARC

机读目录(Machine readable catalogue,MARC)是一种以代码形式和特定结构记录在存储载体上,可由某种特定机器及计算机阅读、控制、处理和编辑输出的目录格式。❶ 简单地说,MARC 是机器可读目录,MARC 格式即机器可读目录格式。MARC 最早由美国国会图书馆研制,始于 20 世纪 60 年代。当时计算机技术进入图书馆应用领域,为了使计算机能识别目录,软

---

❶ 杨玉麟.信息描述[M].北京:高等教育出版社,2004:55.

件人员设计了 MARC 格式。为了统一各国机读目录格式,国际图联(IFLA)于 1977 年主持研制 UNIMARC。并于 1994 年出版了《UNIMARC 手册》第二版,UNIMARC 实现了不同文种、不同载体的文献机读目录格式的一体化,为不同国家书目机构之间机读目录的交换创造了条件,推动了各国机读目录格式的研制和修订,我国的 CNMARC 就是依据 UNIMARC 制定的。

(2)CNMARC

CNMARC 是中国机读目录(China Machine-Readable Catalogue)的缩写,是用于中国国家书目机构同其他国家书目机构,以及中国国内图书馆与情报部门之间,以标准的计算机可读形式交换书目信息。❶

(3)CNMARC 格式结构❷

书目的内容主要指记录或款目的内容。因现在基本使用的是机读目录,所以以《中国机读目录格式》(CNMAMC)为例进行简要介绍。

CNMARC 格式是 ISO 2709 及 GB 2901 的一个特定形式。它对每一个用于交换的书目记录规定了必须遵循的标准记录结构。其标准构成如下。

①记录头标:由 24 个字符构成。

②地址目次区:区内含有一个或多个目次款目,每一款目由三位数字的字段标识号(简称字段号),以及字段长度和字段起始字符位置(从第一个数据字段算起)等部分构成。

③数据字段区(变长):由若干定长和变长字段构成,每个字段之间由字段分隔符隔开。

④记录分隔符:位于每一个可变长字段末尾的控制符,用来区分每一个相邻的字段。此外,还用于地址目次区的末尾。

(4)CNMARC 功能模块

CNMARC 书目记录字段按功能划分为以下十个功能模块对文献进行著录,每个模块下划分若干字段。字段标识符的第一个数字(最左边)表示字段所属的功能块。

---

❶ 潘太明,等.中国机读目录格式使用手册[M].北京:科学技术文献出版社,2001:1.
❷ 潘太明,等.中国机读目录格式使用手册[M].北京:科学技术文献出版社,2001:7.

表 3.1 CNMARC 功能模块说明

功能块	功能块名称	常用字段
0——	标识块	本块含有用来标识记录或标识出版物实体并出现在实体上的号码。常用字段有： 001 记录控制号 005 记录版次标识 010 国际标准书号 091 统一书刊号 092 订购号
1——	编码信息块	主要由描述作品的各个方面的编码数据，常用字段有： 100 通用处理数据 101 作品语种 102 出版或制作国别 105 编码数据字段：文字资料—专著 106 编码数据字段：文字资料—形态特征
2——	著录信息块	主要由包括 ISBD 和中国国家标准《文献著录准则》规定的除附注项和文献标准号码以外的全部著录项目。常用字段有： 200 题名与责任说明项 205 版本说明项 210 出版发行项 215 载体形态项 225 丛编项
3——	附注块	主要包括对作品各方面的文字说明，可以以自由行文方式对著录项目或检索点作进一步陈述。常用字段有： 300 一般性附注 303 著录信息的一般性附注 330 提要或文摘附注
4——	款目连接块	主要包括以数字和文字形式对其他记录的标准连接。常用字段有： 410 丛编 411 附属丛编 423 合订或合刊

续表

功能块	功能块名称	常用字段
5——	相关题名块	主要包括作为检索点的本作品的其他题名,常用字段有: 500 统一题名 510 并列正题名 512 封面题名 516 书脊题名 517 其他题名
6——	主题分析块	本块含有按不同体系构成的,即可是词语也可是符号的主题数据。主要由分类、主题标识、非控主题词等字段构成。常用字段有: 600 个人名称主题 601 团体名称主题 605 题名主题 606 学科名称主题 607 地理名称主题 690 中国图书馆分类法分类号 692 中国科学院图书馆图书分类法分类号
7——	知识责任块	主要包括对所编文献负有某种责任形式的个人及团体的名称。并区分为主要责任者、等同责任者及次要责任者等字段构成。常用字段有: 701 个人名称—主要知识责任 702 个人名称—次要知识责任 711 团体名称—主要知识责任 712 团体名称—次要知识责任
8——	国际使用块	本字段含有记录来源的说明。包括下述情况之一:产生数据的机构、将数据录成机读形式的机构、更改原始记录或数据的机构以及发行现行记录的机构。学用字段有: 801 记录来源
9——	国内使用块	本字段反映编目文献的收藏信息。主要设置馆藏信息字段,如馆藏代码、登录号、分类号、书次号、入藏卷次、年代范围等字段。常用字段有: 905 馆藏信息

通常,一条CNMARC记录不可能包含所有的字段,但有的字段是必不可少的,如:001、100、101、200、801、905,这些字段也称"必备字段",其他字段

的视文献的具体情况而定,有相应信息则著录,无相应信息可跳过。

下列图片为卡片目录与机读目录对比示例。

图 3.1　手工检索用的目录柜

图 3.2　手工著者目录卡片

图 3.3　CNMAMC(中国机读目录)著录界面

```
题名：网络信息资源的组织：从信息组织到知识组织
作者：刘嘉
出版项：北京：北京图书馆出版社，2002
页码：336页
价格：CNY20.00
主题：计算机网络     计算机网络     信息管理
索取号：G203/5
摘要：
分类：G203
相关信息：
```

图 3.4　CNMAMC（中国机读目录）检索记录

```
HEA       01550nam2 2200373    450   （记录头标）
001       012004067876              （记录标识号）
010       @a978-7-80236-138-6@dCNY29.00  （国际标准书号）
100       @a20080904d    em y0chiy0110    ea  （通用处理数据）
101 1     @achi@ceng  （作品语种）
102       @aCN@b110000   （出版或制作国别）
105       @aa    z   001yy  （编码数据字段：文字资料——专著）
106       @ar   （编码数据字段：文字资料——形态特征）
200 1     @a野外探险摄影@f(美)比尔·汉奇著@g王黎，邓坚译@A  （题名与责任说明项）
210       @a北京@c中国摄影出版社@d2007  （出版发行项）
215       @a159页@c照片@d22cm  （载体形态项）
225 2     @a美国国家地理学会新版摄影丛书@AMei Guo Guo Jia Di Li Xue Kuai Xin Ban She
          Ying Cong Shu   （丛项项）
300       @a并列题名：Photography field guide: action & adventure （一般性附注）
312       @a版权页英文题名：Photography field guide: action & adventure （相关题名附注）
330       @a本书介绍了摄影师比尔·汉奇拍摄险照片的秘密。内容有：如何选择合适的设备
          拍摄冒险旅行和运动；滑雪、骑车、划船、攀登和其他探险运动参加者的提示；进
          行野外拍摄准备的训练技巧；如何在最恶劣的环境中拍摄杰出的   （提要或文摘附注）
461 0     @12001 @a美国国家地理学会新版摄影丛书   （总集）
510 1     @aPhotography field guide: action & adventure@zeng （并列正题名）
606       @a户外摄影@x摄影技术@AHu Wai She Ying   （学科名称主题）
690       @aJ414@v4     （中国图书馆分类法分类号）
701 1     @c(美)@a汉奇@b比尔@4著@AHan Qi  （个人名称——等同知识责任者）
702 0     @a王黎@4译@AWang Li  （个人名称——次要知识责任）
702 0     @a邓坚@4译@ADeng Jian
801 0     @aCN@b浙江省新华书店集团公司@c20070928  （记录来源）
801 2     @aCN@bGS@c20080904
856 4     @uhttp://www.bookuu.com/kgsm/ts/2007/09/14/1178422.shtml （电子文件地址与检索）
902       @a1@c20070928@b20070929-xr
905       @aGS@fJ414/8   （馆藏信息）
961       @a1178422
999       @tC@Acb04@a20080904 10:20:15@Mcb04@m20080904 10:21:24
```

图 3.5　CNMAMC（中国机读目录）著录字段相关说明

由以上图例可看出，机读目录的推广使用，为检索者带来全新视觉与丰富的检索途径。

四、OPAC

OPAC：全称 Online Public Access Catalog，是 20 世纪 70 年代末由美国

一些大学图书馆和公共图书馆共同开发的,供读者查询馆藏数据的联机检索系统。[1] 在图书馆学上被称作"联机公共目录查询系统"。其含义是传统读者目录查询的自动化,是一种通过网络查询馆藏信息资源的联机检索系统。现在我们通常称OPAC为"图书馆公共查询系统",指的是读者可以在OPAC上检索图书馆的书目数据,以及相关信息。

OPAC特点如下:

(1)通过计算机网络,用户可以不受空间地点的限制,可以随时在图书馆以外的地方获取馆藏信息。

(2)提供灵活多样的检索途径,如题名、责任者、分类号、主题、索取号、ISBN、出版社等,快速获取结果。

(3)揭示文献的馆藏地点、馆藏状况、可借阅情况等馆藏信息。

(4)支持多种检索技术,如布尔逻辑检索、浏览查找、截断查找、命令语句、检索、菜单引导检索等。能对检索结果、命中率、组配情况等检索过程进行显示。

(5)OPAC可以定义屏幕显示信息的规模、内容和格式。

(6)OPAC具有信息套录、打印等功能。

(7)OPAC可以与地区局域网或远程网进行连接,检索本图书馆以外的其他部门的信息资源。

(8)OPAC具有较好的容错功能,用户经常出现的错误可以及时纠正。

OPAC应具备以下四种功能:

(1)查找与检索者检索提问相一致的信息资源。

(2)识别书目资源,确认记录中描述的实体与所查实体的一致性。

(3)选择适合检索者需求的书目资源。

(4)获取文献或为检索者提供文献获取信息。

初期的OPAC仅仅是用机读形式的目录代替卡片形式的目录,只是卡片目录、书本目录和缩微目录的另一种呈现方式,读者只能通过计算机终端,通过题名、责任者、分类号等有限的途径检索馆藏目录。除了信息的载体和查找方式发生变化之外,信息的呈现内容没有多大附加值,仅仅局限于本馆的书目记录。给读者带来的好处是有限的。

---

[1] 刘俊熙,王立义.信息检索[M].北京:北京图书馆出版社,2002:150.

新型OPAC模块实现了馆藏资源与网络资源的链接,为读者提供面向因特网的高效的人机交互式的查询访问,实现了书刊目录信息查询、读者信息查询、面向读者的书刊订购征询、网上信息发布、新书通报、网上预约、续借、挂失,以及读者个性化定制服务等多种功能。对于多校区办学的高校,还可实现异地借还图书等,给跨校区办学高校图书馆读者利用信息资源提供了极大方便。现在更发展到检索结果可链接到书商、书评和电子书,将服务延伸到图书馆网站之外。

有了网络条件和信息技术的保障,新的OPAC检索工具即联合目录与虚拟联合目录系统得到了突飞猛进的发展。近几年国内建成可用的有:全国性的CALIS联合目录公共查询系统,中科院文献情报中心的全国期刊联合目录等。这些联合目录在实现异地、多馆资源整合上最大限度地为广大读者提供了便利。而且如今的技术已可实现电子资源与纸质文献的完美结合,在OPAC中对购入的全文数据库、学术光盘、随书光盘及网络免费学术资源等各种文献资源进行整合,便于读者利用自己熟悉的检索工具实现对图书馆馆藏资源及网络免费资源的一站式查询与获取。

图3.6 复旦大学图书馆OPAC检索界面

图 3.7 清华大学图书馆 OPAC 检索界面

图 3.8 南开大学图书馆 OPAC 检索界面

五、书目的作用

(1) 研究价值

书目介绍文献内容,反映出版和收藏情况,能反映某一时期科学文化发展和某一学术领域的概貌,具有重要的参考价值。

(2) 检索工具

检索工具是人们对浩如烟海的文献加以控制的有效手段,也是查阅和利用文献必不可少的工具。帮助读者从特定角度去查找资料,如题名、著者、主题等。理想的书目应具有分析的功能,能满足读者检索某一著作中最小的特殊单元。专科书目根据不同的研究需要选编不同学科内容、不同水平和各文种的资料,分门别类加以编排以供查阅,为专业研究提供方便。

(3)保障采访

在查询原有书目的基础上,科学有序地、有针对性地收集选择文献,保障收藏单位文献的合理布局与补充。

(4)反映库藏

馆藏书目不仅能够反映单个文献的特征,更重要的是能够反映整个文献单位或者多个文献单位的文献特征。通过书目,可以清楚地知道该文献单位有多少文献,有些什么文献,以及这些文献分别在哪里。

(5)导航推荐

很多情况下,读者并不是很清楚自己对文献的具体需求,或检索技巧有限而制约了检索,文献单位可通过编制相关的专题书目、导读书目、新书书目等手段,指导读者的阅读行为。随着计算机技术的普及,图书馆在建立文献导航系统方面取得了很大的进步。很多图书馆和科研机构编制了富有特色的各类推荐书目,这些书目对特定需求的读者起到了很好的导航作用。

(6)资源共享

以前,读者亲自到各个中国乃至世界各国图书馆去查找需要的文献显然是不现实的。现在,图书馆 OPAC 系统目让读者可以通过网络检索馆藏书目,极大提升了文献共享价值。再加之联合书目的推广,读者通过检索联合书目可获得更多、更全面的文献信息。

(7)节省时间

通过书目中的著录款目,可对该文献内容有大致的了解。可以快速判断是否为所需目标文献。

第二节　中国国家图书馆书目检索

一、中国国家图书馆简介

中国国家图书馆位于北京市中关村南大街33号,占地7.24公顷,建筑面积14万平方米,其前身是筹建于1909年9月9日的京师图书馆。新中国成立后,更名为北京图书馆。1998年12月12日经国务院批准,北京图书馆更名为国家图书馆,对外称中国国家图书馆。中国国家图书馆馆藏丰富,品类齐全,古今中外,集精结粹。作为国家藏书机构,中国国家图书馆依法接收中国大陆各出版社送缴收藏的出版样书,此外还收藏中国大陆的非正式出版物,如各高校的博士学位论文均在中国国家图书馆的收藏之列,是图书馆学专业资料集中收藏地和全国年鉴资料收藏中心。从藏书量和图书馆员的数量看,中国国家图书馆(即原北京图书馆)是亚洲规模最大的图书馆,世界上最大的国家图书馆之一,是世界著名的国家图书馆。国家图书馆馆藏宏富,古今中外,集精撷萃。

二、中国国家图书馆馆藏目录检索系统

(1)进入中国国家图书馆主页(www.nlc.gov.cn)

网页上箭头所指的"文津搜索"是国家图书馆资源检索平台,该检索平台整合了国家图书馆各种类型的文献资源。

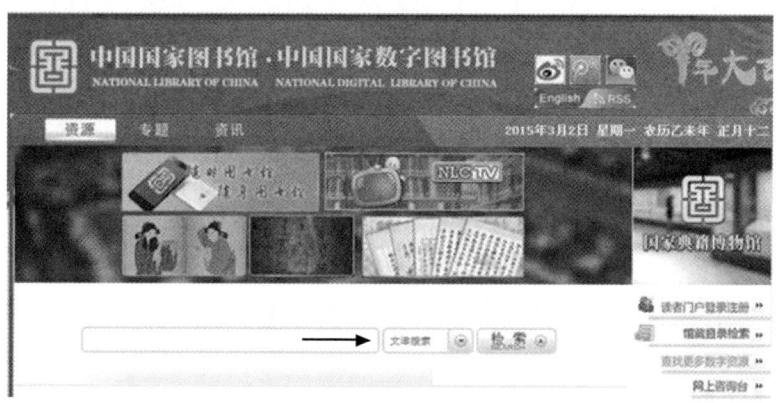

图3.9 中国国家图书馆主页

如下图:在"文津搜索"文本框中输入检索词"毛南族",系统检索出了国家图书馆有关"毛南族"在图书、古文献、论文、期刊报纸、多媒体、缩微文献等全部馆藏纸质与电子文献共1400条记录。如果只想在结果中选择"图书"与"论文"的检索数据,则在"查看指定类型"下的"图书"与"论文"前的

方框中打钩再次检索即可。由于本节重点讲解书目检索系统,因此"文津搜索"只略作介绍。

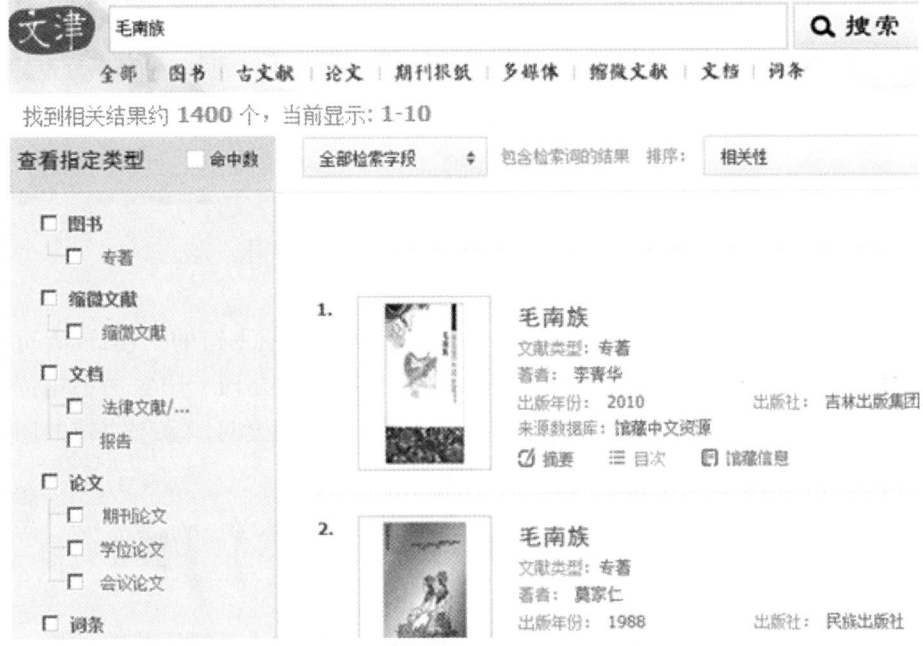

图 3.10　中国国家图书馆"文津搜索"

(2)馆藏目录检索

①进入馆藏目录检索系统。点击网站首页上的"文津搜索"下拉按钮,在下拉菜单中选择"馆藏目录"或点击网站首页右上方的"馆藏目录检索"链接均可进入国家图书馆馆藏目录检索系统。

图 3.11　中国国家图书馆"馆藏目录"链接途径

进入后系统界面如下,该联机公共目录查询系统即为中国国家图书馆OPAC。

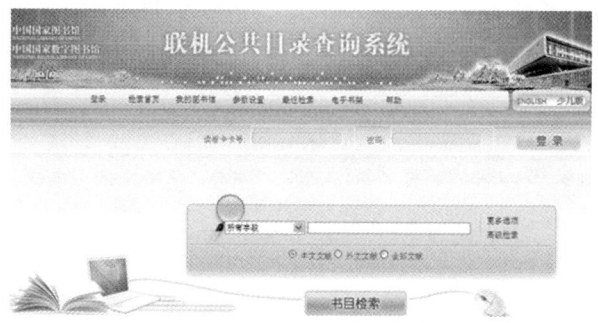

图 3.12　中国国家图书馆 OPAC 检索界面

中国国家图书馆为公共图书馆,办卡处设在国家图书馆的二楼,读者可持身份证在自助办卡机自助办理读者卡,非常便捷。办理了国家图书馆读者卡的用户,可以通过读者卡号和密码登录系统,在网上对国家图书馆的图书进行预约、续借等个性化操作,如下图。

图 3.13　中国国家图书馆 OPAC "读者门户" 界面

②检索方式。国家图书馆 OPAC 系统默认为"简单检索"。检索系统提供简单检索、多库检索、组合检索、通用命令语言检索、浏览、分类浏览等多种检索方式。在此介绍常用的两种方式:简单检索和组合检索。

简单检索

简单检索是馆藏目录检索系统的主要检索方式也是读者最常用的检索方式,即通过选择单一检索途径,输入检索词检索馆藏目录。可选择的检索字段包括:题名、著者、主题词、中图分类号、出版者、ISBN、条码号等共19项检索途径,极大地方便了读者从文献的不同角度进行检索,如下图。

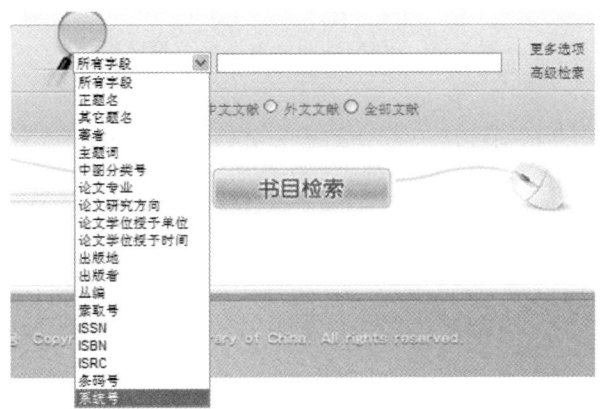

图3.14　中国国家图书馆OPAC"简单检索"界面

检索字段中的ISSN、ISBN、ISRC对很多检索者来说可能不明其义,在此作简要介绍。

ISSN 国际标准连续出版物编号(International Standard Serial Number):是根据国际标准制定的连续出版物国际标准编码,其目的是使世界上每一种不同题名、不同版本的连续出版物都有一个国际性的唯一代码标识。该编号是以 ISSN 为前缀,由8位数字组成。8位数字分为前后两段各4位,中间用连接号相连。如 ISSN1673-2456 是《看天下》杂志的国际刊号。

ISRC 国际标准录音/录影资料代码(Inter-national Standard Recording Code),系由联合国国际标准组织制定的,作为辨识唱片等录音资料及影碟片等音乐性录影资料的一种国际标准。

ISBN 国际标准书号(International Standard Book Number):是国际通用的图书或独立的出版物(除定期出版的期刊)代码。出版社可以通过国际标准书号清晰的辨认所有非期刊书籍。一个国际标准书号只有一个或一份相应的出版物与之对应。2007年前由十位数字组成。被三条短横线分为四段,每一段都有不同的含义。到2007年1月1日起,全世界所有ISBN代理机构将只发布13位的ISBN,分为五段。现以黄俊贵主编的《文献编目工作》ISBN 为例作具体解释。

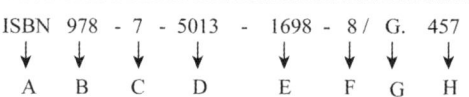

图 3.15　ISBN 国际标准书号分段说明

A　"ISBN":是国际标准书号的英文缩写。
B　"978":代表图书。
C　"7":组号。这是国家、地区、语言的代号,由国际标准书号中心分配给我国的。
D　"5013":出版者号。这是北京图书馆出版社的代号,国家标准书号中心分配的。
E　"1698":是书次号。一个出版社出版图书种类的序号,也就是根据图书出版的先后顺序的号码,一种图书一个号,由出版社自己分配。
F　"8":是计算机校验号。用于检验图书转录过程中号码的正确性。
G　"G":是分类号。这是《中国图书馆分类法》中的"文化、科学、教育、体育"大类的号码,表示这种书属于文化类。
H　"457":是种次号,表示北京图书馆出版社已经出版 G 类的图书 457 种了,由出版社自己分配。

【检索实例】
查找国家图书馆馆藏中是否有中文小说《海底两万里》,如果有,目标文献能否外借。

【检索步骤】
● 选择检索途径"正题名";
● 输入检索词"海底两万里";
● 选择文献类型"中文文献"。

图 3.16　中国国家图书馆 OPAC"简单检索"实例

第三章 书目信息检索

【检索结果】

在国图馆藏中一共检索出了 460 条相关记录。如果此时检索者想查看检索记录中的第四条陈筱卿翻译的图书,则点击该条记录。

图 3.17 中国国家图书馆 OPAC"简单检索"检索结果

下图界面显示了该图书的详细信息。界面上有不同的馆藏地点,如果检索者想借阅中文图书借阅区的这本书,点击相应的馆藏地点进入馆藏具体界面。

图 3.18 中国国家图书馆 OPAC"简单检索"馆藏结果

下图检索界面显示,该图书其中一本已外借,另一本在 1 层北区 288 架 4 层的架上,可以外借。同时系统也提示了,保存本、阅览本、基藏本等不提供外借。

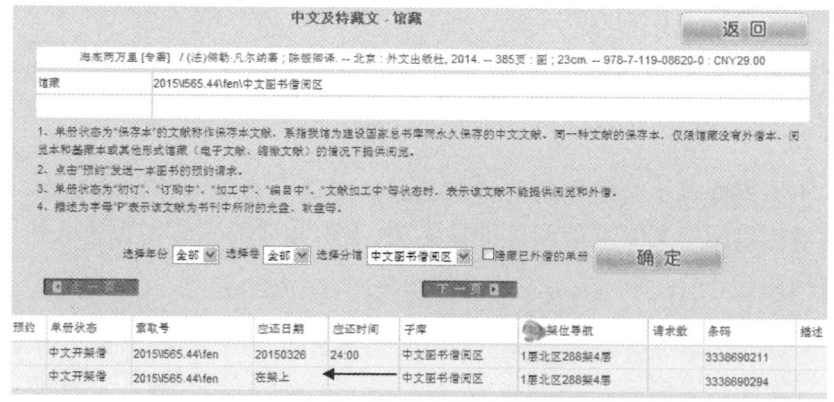

图 3.19 中国国家图书馆 OPAC"简单检索"馆藏记录

组合检索

该检索技术实际上是使用了本书前面介绍的布尔逻辑检索术中的逻辑

"与"进行多个检索字段进行组合匹配。它可满足检索者同时提出的多个检索条件,可缩小检索范围,提高检准率,节省检索者时间。

【检索实例】

查找中国著名的计算机教育专家谭浩强在2000年至2010年出版的有关C语言的专著。

【检索步骤】

●在联机公共目录查询界面上点击"高级检索"按钮,在下拉菜单中点击"组合检索";

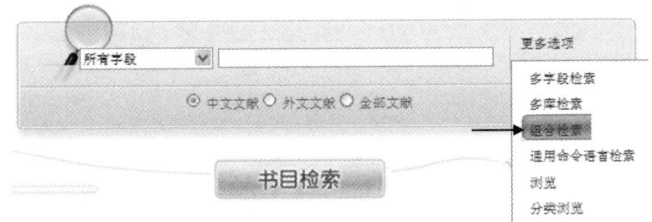

图3.20　中国国家图书馆OPAC"组合检索"链接途径

●进入组合检索界面后,第一个检索字段选择"著者",输入"谭浩强",词临近选择"是";

●第二个检索字段选择"主题词",输入"C语言",词临近选择"是";

●在检索限制中开始年份输入2000,结束年份中输入2010,资料类型选择图书。

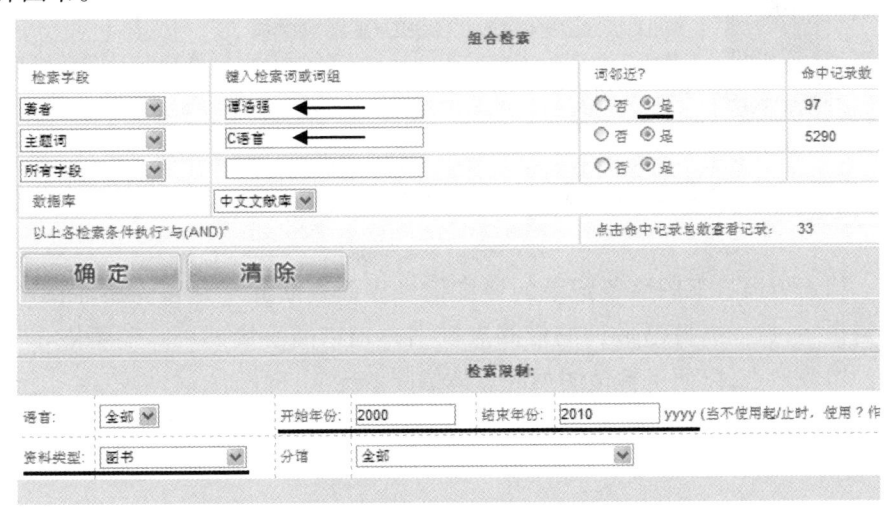

图3.21　中国国家图书馆OPAC"组合检索"实例

【检索结果】

可从下图看到一共检出 33 条相关记录。若想查看第五条记录的详细馆藏信息,点击相应记录即可。

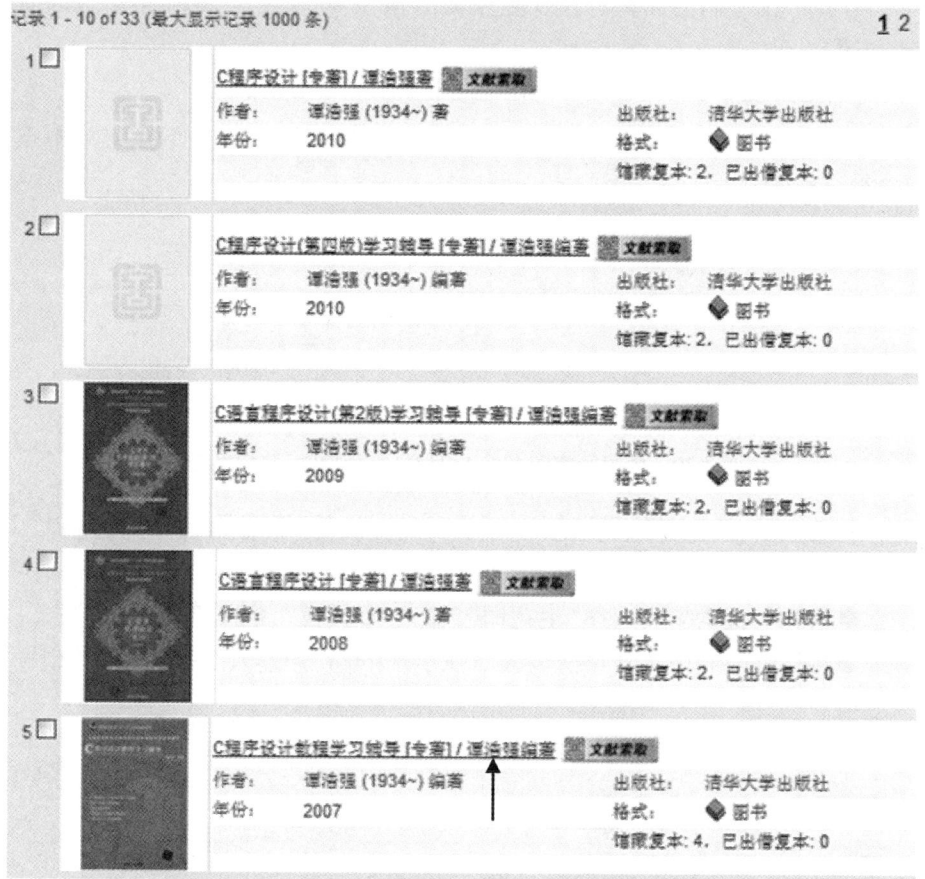

图 3.22 中国国家图书馆 OPAC"组合检索"检索结果

检索者通过下图该条记录的详细信息界面判断此书是否为所需图书,如需借阅,选择离自己最近的借阅点取书办理借阅手续即可。还可点击不同的馆藏地点,以便了解该图书的总体借阅情况。

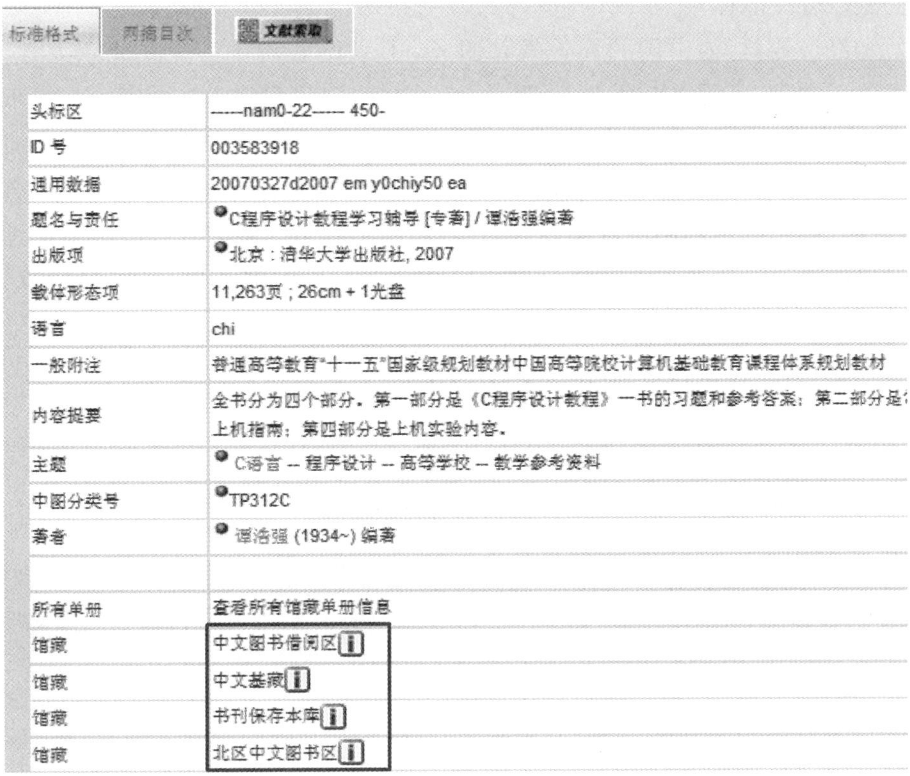

头标区	-----nam0-22----- 450-
ID 号	003583918
通用数据	20070327d2007 em y0chiy50 ea
题名与责任	C程序设计教程学习辅导 [专著] / 谭浩强编著
出版项	北京 : 清华大学出版社, 2007
载体形态项	11,263页 ; 26cm + 1光盘
语言	chi
一般附注	普通高等教育"十一五"国家级规划教材中国高等院校计算机基础教育课程体系规划教材
内容提要	全书分为四个部分。第一部分是《C程序设计教程》一书的习题和参考答案；第二部分是 上机指南；第四部分是上机实验内容。
主题	C语言 -- 程序设计 -- 高等学校 -- 教学参考资料
中图分类号	TP312C
著者	谭浩强 (1934~) 编著
所有单册	查看所有馆藏单册信息
馆藏	中文图书借阅区
馆藏	中文基藏
馆藏	书刊保存本库
馆藏	北区中文图书区

图 3.23 中国国家图书馆 OPAC“组合检索”馆藏结果

第三节 CALIS 联合目录检索

一、CALIS 简介

中国高等教育文献保障系统(China Academic Library & Information System,CALIS),是经国务院批准的我国高等教育“211 工程”“九五”“十五”总体规划中三个公共服务体系之一。CALIS 的宗旨是,在教育部的领导下,把国家的投资、现代图书馆理念、先进的技术手段、高校丰富的文献资源和人力资源整合起来,建设以中国高等教育数字图书馆为核心的教育文献联合保障体系，实现信息资源共建、共知、共享，以发挥最大的社会效益和经济效益，为中国的高等教育服务。CALIS 管理中心设在北京大学，下设了文理、工程、农学、医学四个全国文献信息服务中心，华东北、华东南、华中、华南、西北、西南、东北七个地区文献信息服务中心和一个东北地区国防文献信息服务中心。从 1998 年开始建设以来，CALIS 管理中心引进和共建了一系列国内外文献数据库，形成了较为完整的 CALIS 文献信息服务网络。迄今参加 CALIS 项目建设和获取 CALIS 服务的成员馆已超过 500 家。

二、CALIS 联合目录检索系统

（1）进入 CALIS 主页（home.calis.edu.cn）

在 CALIS 主页上，点击"公共目录检索系统"。

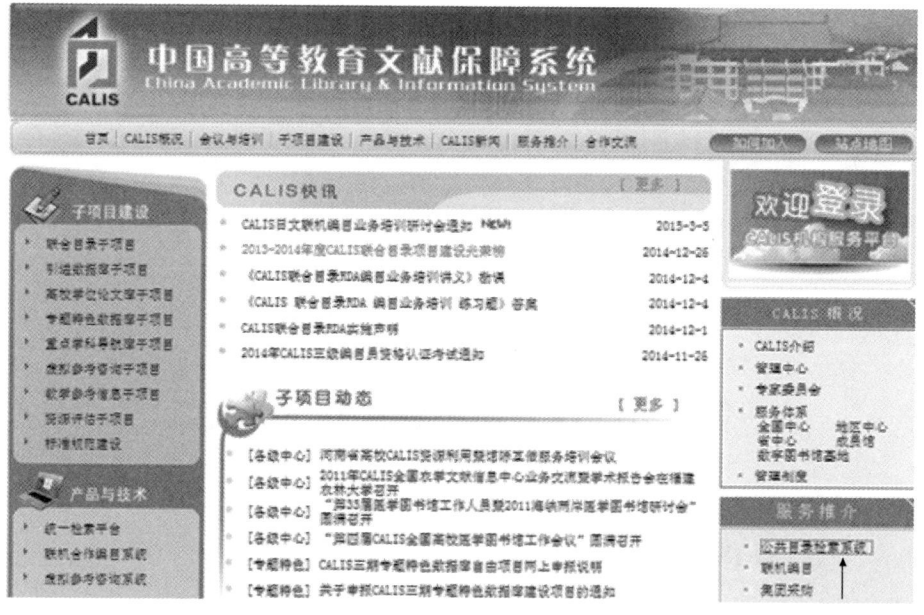

图 3.24　CALIS "公共目录检索系统" 链接途径

（2）联合目录公共检索系统

①进入 CALIS 公共目录检索系统。CALIS 联合目录公共查询系统即 CALIS OPAC。

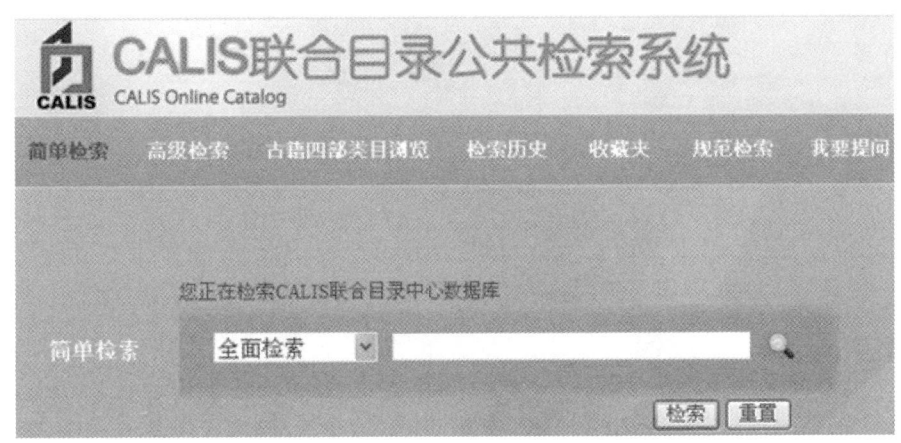

图 3.25 CALIS OPAC 检索界面

②检索方式。进入 CALIS 公共目录检索(OPAC)系统的主页后,系统默认为"简单检索"。系统提供简单检索和高级检索两种检索方式。

简单检索

简单检索可选择的检索途径包括:全面检索、题名、主题等 8 种。

图 3.26 CALIS OPAC "简单检索"界面

【检索实例】

查找 CALIS 公共目录检索(OPAC)系统中有关《红楼梦》的文献。

【检索步骤】

● 选择检索途径"全面检索";

● 输入检索词"红楼梦"。

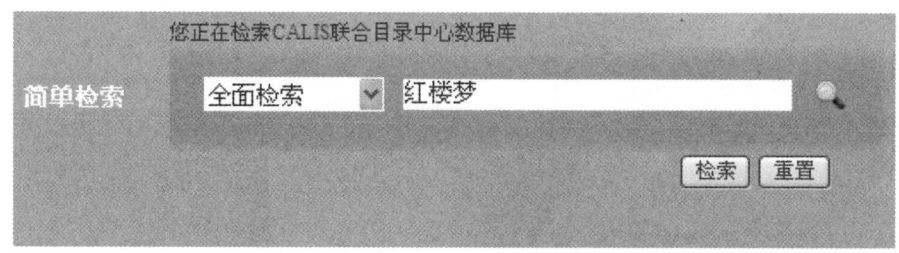

图 3.27 CALIS OPAC "简单检索"实例 1

【检索结果】

在系统中一共检索出了 4198 条相关记录。同时页面左侧显示了本次检索记录的相关数据库、责任者、资源类型等。比如本次 4198 条检索记录中，图书有 4099 条、中文古籍有 52 条、电子资源有 30 条、连续出版物有 11 条、视频资料 1 条。

图 3.28 CALIS OPAC"全面检索"检索结果

返回 CALIS 公共目录检索系统"简单检索"界面，同样输入"红楼梦"，而检索途径选择"题名"：

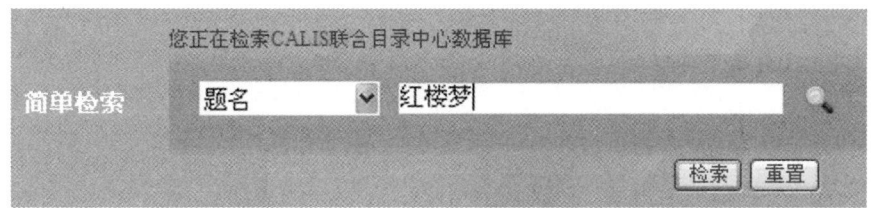

图 3.29　CALIS OPAC "简单检索"实例 2

如下图所示检索结果为 3110 条记录。

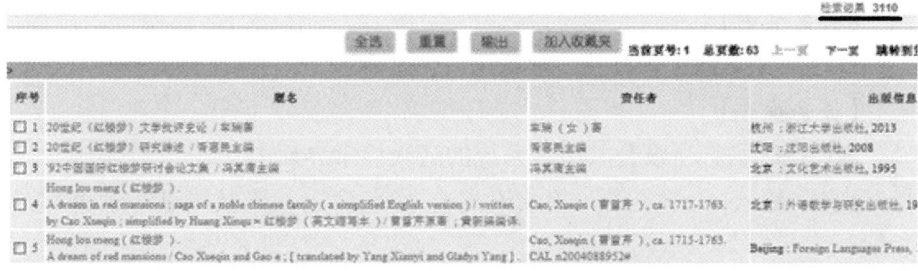

图 3.30　CALIS OPAC "题名"检索结果

再返回同样的界面,检索途径选择"主题"。

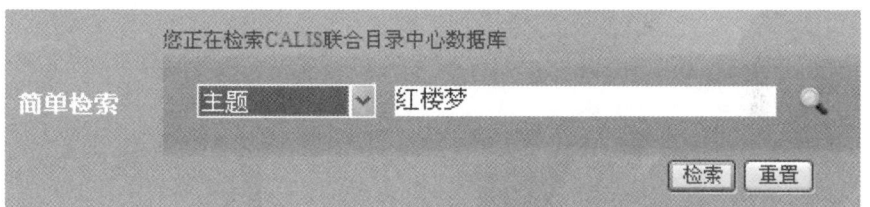

图 3.31　CALIS OPAC "简单检索"实例 3

如下图所示检索结果为 363 条记录。

图 3.32　CALIS OPAC "主题"检索结果

通过以上实例可看出,选择不同的检索途径,得到的检索结果完全不同。如果想查全,通过"全面检索"得到的记录是最全最多的。

高级检索

CALIS 联合目录公共检索系统的高级检索提供 3 个检索类型组合匹配,每个类型有题名、责任者、标准编码等 18 种检索途径。该 OPAC 系统的高级检索支持逻辑"与"、逻辑"或"、逻辑"非"进行匹配,检索模式有"包含""前方一致""精确匹配"。并且还提供了"内容特征""出版日期""资源类型"3种限制性检索模式。

【检索实例】

查找谢文义编著的有关大学英语的英文专著。

【检索步骤】

●CALIS 联合目录公共检索系统的高级检索界面中,第一个检索途径选择"题名",输入"大学英语",检索模式选择"包含";检索技术进行逻辑"与"匹配;

●第二个检索途径选择"责任者",输入"谢文义",检索模式选择"精确匹配";

●在限制性检索中语种选择"英语",资料类型选择"普通图书"。

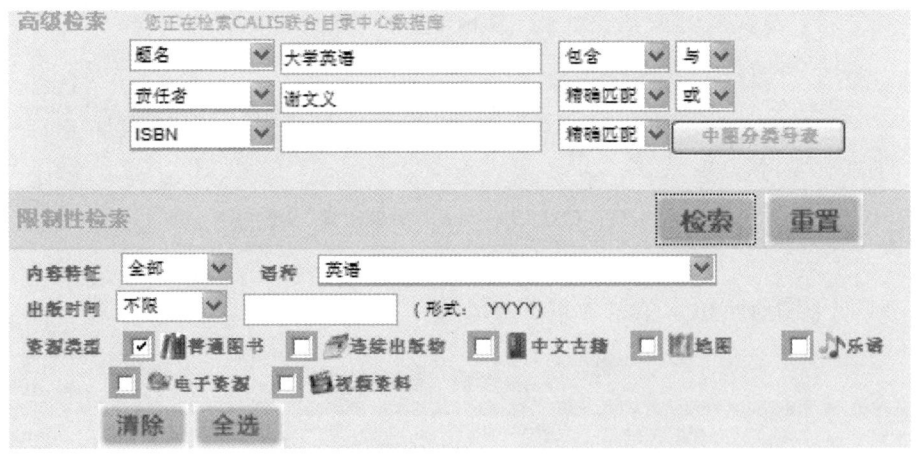

图 3.33　CALIS OPAC "高级检索"实例

【检索结果】

共检出 3 条相关记录。若想查看第一条记录的详细信息,点击相应记录即可。

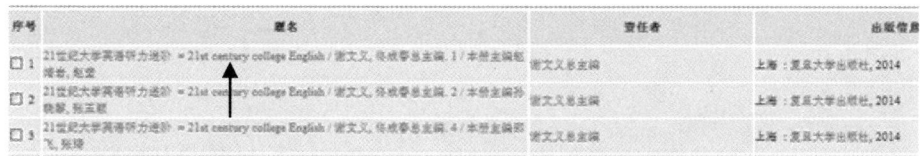

图 3.34　CALIS OPAC "高级检索"检索结果

下图为第一条记录的详细信息。若要查看该图书的收藏单位以及提供的相应服务,点击"馆藏信息"。

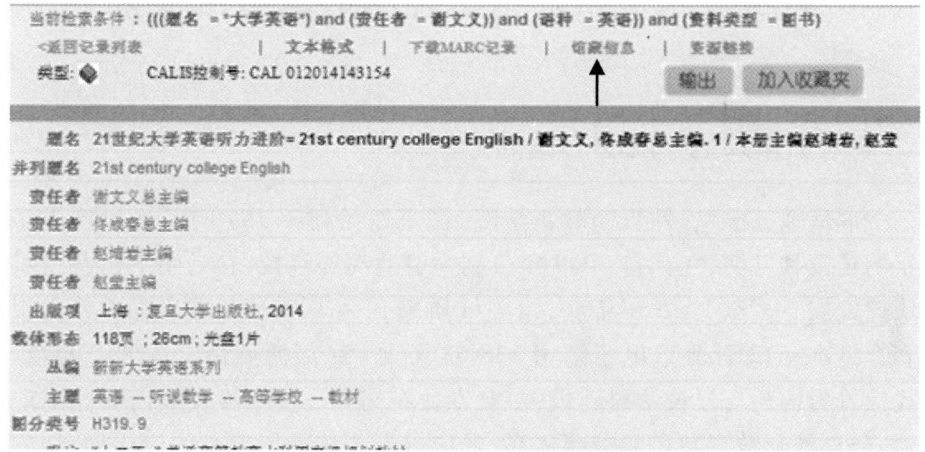

图 3.35　CALIS OPAC "高级检索"馆藏结果

进入馆藏基本信息界面可看到,分别有 3 个大学图书馆收藏了该图书。其中北京航天大学图书馆提供的是"文献传递"服务,另外两个馆提供的是"返回式馆际互借"(返回式馆际互借指通过出借图书的方式获得文献)。检索者如果需要该文献,可以与 CALIS 各成员馆专门的服务部门联系。

图 3.36 CALIS OPAC "高级检索"馆藏记录

第四节 贵州师范学院图书馆书目检索

一、贵州师范学院图书馆简介

贵州师范学院(原贵州教育学院)图书馆始建于1978年,经过三十多年的建设和发展,尤其自2009年改制为普通高等院校以来,图书馆获得了快速发展。截至2016年年底,馆藏纸质书刊为100.32万册(含中外文报刊合订本9.12万册)、电子图书138.58万册(种)、博硕论文328万余篇。我馆着力构建与学校学科建设规划、专业布局和学生个性发展需要相适应的、凸显教师教育特色的馆藏体系,顺应以人才培养为中心的应用型、地方性、师范性的学校办学定位。基本实现了在多学科多载体文献收藏的基础上体现以教师教育为主、突出重点学科、优势学科、统筹非师范类专业发展需要的文献资源体系。

二、贵州师范学院图书馆馆藏书目检索系统

(1)进入贵州师范学院图书馆主页(lib.gznc.edu.cn)

在贵州师范学院图书馆主页上,点击"馆藏查询"。

第三章 书目信息检索

图 3.37　贵州师范学院图书馆"馆藏书目"链接途径

（2）馆藏书目检索

①进入贵州师范学院图书馆馆藏书目检索系统。

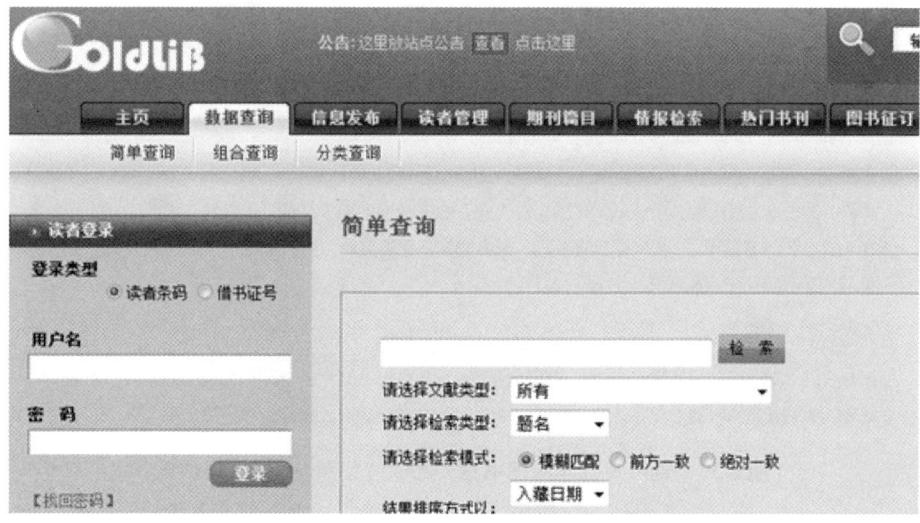

图 3.38　贵州师范学院图书馆 OPAC 检索界面

②检索方式。贵州师范学院图书馆书目检索系统提供的检索方式包括:简单查询、组合查询、分类查询。

简单查询

本馆书目检索系统默认为简单查询,可选择的检索途径包括:题名、责任者、出版者、主题词等共 8 项。

【检索实例】

查找贵州师范学院图书馆是否有私人收藏文化类图书《醉文明:收藏马未都》图书,如果有,目标文献能否外借。

【检索步骤】

● 选择检索途径"正题名"。

● 输入检索词:马未都,因为在检索过程中,很多检索者并不知道具体的题名全称,只模糊知道或听说过有关马未都收藏的图书,在这种情况下,只需输入最核心的题名部分即可。

● 检索模式选择"模糊匹配"(系统默认的检索模式也是模糊匹配)。

【检索结果】

检索结果有 6 条相关记录。

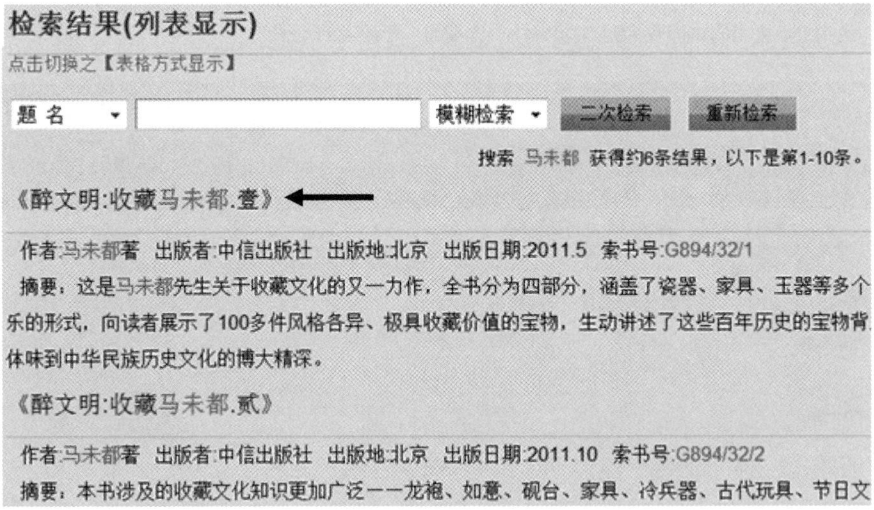

图 3.39　贵州师范学院图书馆 OPAC"简单查询"检索结果

如果检索者想了解第一条记录,点击该条记录进入数据检索结果界面。

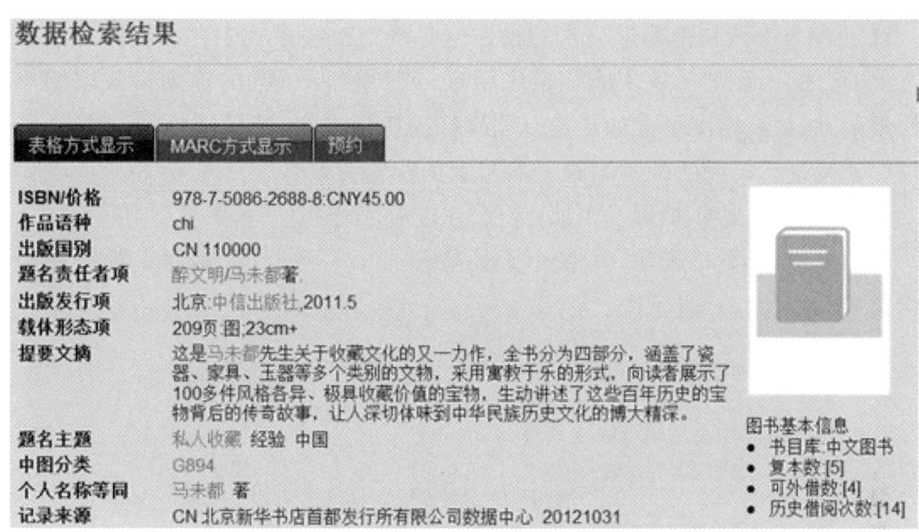

图 3.40 贵州师范学院图书馆 OPAC“简单查询”数据检索结果

通过检索结果界面,检索者可判断此图书是否为需要的图书。如需要借阅,则在该页面把滚动条下拉,查看详细馆藏记录。此时检索者可看到,共有 5 个复本,除一本已外借,基藏阅览室的图书不提供外借,还有 3 本在架图书可供外借。

本书相关资源
... (更多)
本书附件信息
复本信息

图书馆: 贵州师范学院图书馆

索书号	条形码	馆藏地址	流通情况	状态	委托借阅
G894/32/1	0573759	人文社科借阅区（二）三楼	在架	馆藏	提交
G894/32/1	0573758	人文社科借阅区（二）三楼	万莲友[A0511] 借于:2016-08-25 应还时间:2016-10-25	馆藏	
G894/32/1	0573757	人文社科借阅区（二）三楼	在架	馆藏	提交
G894/32/1	0573756	人文社科借阅区（二）三楼	在架	馆藏	提交
G894/32/1	0573755	中文基藏阅览室	在架	馆藏	提交

第1页共1页 (记录数6) 1

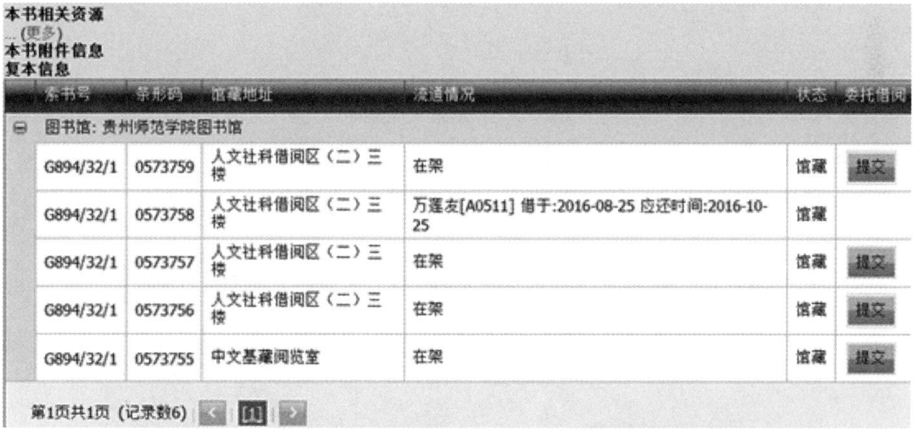

图 3.41 贵州师范学院图书馆 OPAC“简单查询”馆藏记录

【注意事项】

在简单查询中,检索者只有在明确知道检索内容的情况下才选择“前方一致"(前方一致是指要求输入的检索词必须与检索系统中存储的检索内容在最前方的内容都一致才能检索出结果)或"绝对一致"的检索模式以缩小检索范围,提高检准率。如果没有明确知道检索内容,建议选择"模糊匹配"以便系统进行模糊匹配提高查全率检索出相关文献。

同样以《醉文明:收藏马未都》为例,在检索时同样选择检索类型"正题名"。

输入检索词:马未都,但检索模式选择"前方一致"或"绝对一致",则检索结果大相径庭。看下图:

图 3.42　无命中记录

组合检索

在贵州师范学院图书馆书目检索系统界面上,点击"组合查询"。

图 3.43　贵州师范学院图书馆 OPAC "组合查询"链接途径

贵州师范学院图书馆 OPAC 组合查询系统提供 3 个检索类型组合匹配，每个类型有题名、责任者、标准编码等 16 种检索途径。该 OPAC 系统的组合检索支持逻辑"与"、逻辑"或"进行匹配，检索模式有"中间一致""前方一致""后方一致""绝对一致"。排序方式提供"入藏日期""题名""责任者""出版日期"四种排序。

【检索实例】
查找梁育腾在高等教育出版社出版的题名中含有教育的图书。

【检索步骤】
●在组合检索查询系统中，第一个检索途径选择"题名"或"主题"；输入"教育"；检索模式选择"中间一致"；检索技术进行"并且"匹配；

●第二个检索途径选择"出版者"，输入"高等教育出版社"，检索模式选择"绝对一致"；检索技术进行"并且"匹配；

●第三个检索途径选择"责任者"；输入"梁育腾"；检索模式选择"中间一致"；

●文献类型选择"中文图书"。

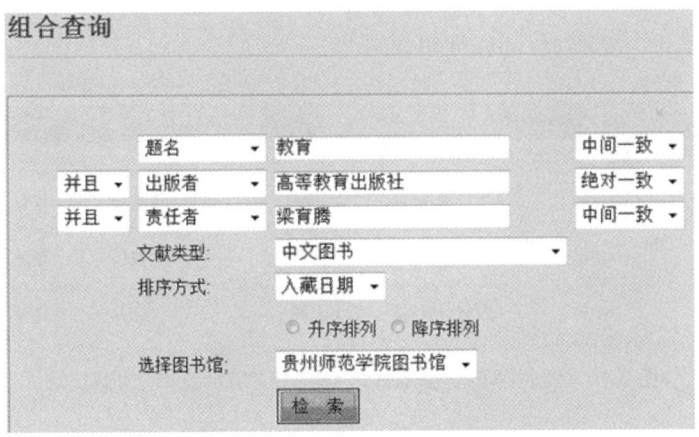

图 3.44　贵州师范学院图书馆 OPAC "组合查询"实例

【检索结果】
检出 1 条相关记录。

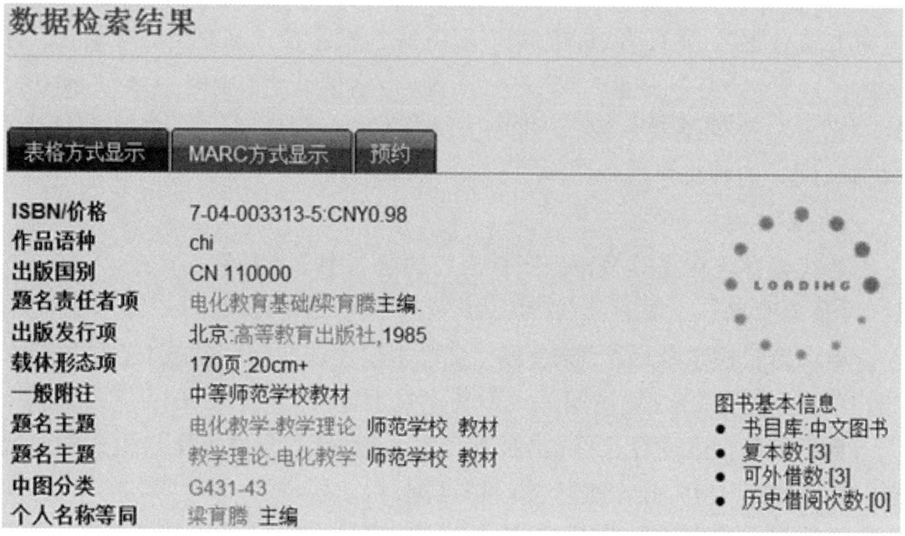

信息检索

```
数据检索结果

[表格方式显示] [MARC方式显示] [预约]

ISBN/价格         7-04-003313-5:CNY0.98
作品语种          chi
出版国别          CN 110000
题名责任者项    电化教育基础/梁育腾主编.
出版发行项       北京:高等教育出版社,1985
载体形态项       170页;20cm+
一般附注          中等师范学校教材
题名主题          电化教学-教学理论 师范学校 教材
题名主题          教学理论-电化教学 师范学校 教材
中图分类          G431-43
个人名称等同    梁育腾 主编

图书基本信息
● 书目库:中文图书
● 复本数:[3]
● 可外借数:[3]
● 历史借阅次数:[0]
```

图 3.45　贵州师范学院图书馆 OPAC "组合查询"检索结果

如需要借阅,滚动条下拉查看详细馆藏记录。此时检索者通过下图可看到,共有 3 个复本,全部在架可供外借。

索书号	条形码	馆藏地址	流通情况	状态	委托借阅
图书馆:贵州师范学院图书馆					
G431-43/1	0106739	人文社科借阅区（二）三楼	在架	馆藏	提交
G431-43/1	0106740	人文社科借阅区（二）三楼	在架	馆藏	提交
G431-43/1	0106738	人文社科借阅区（二）三楼	在架	馆藏	提交

图 3.46　贵州师范学院图书馆 OPAC "组合查询"馆藏记录

分类查询

这是根据中国图书馆分类法进行 22 个大类的分类检索。适用于读者没有明确的检索目标或想了解某一学科的文献总体收藏,可以通过分类查询的方式查找了解各类文献。下图为贵州师范学院 OPAC 分类查询界面。

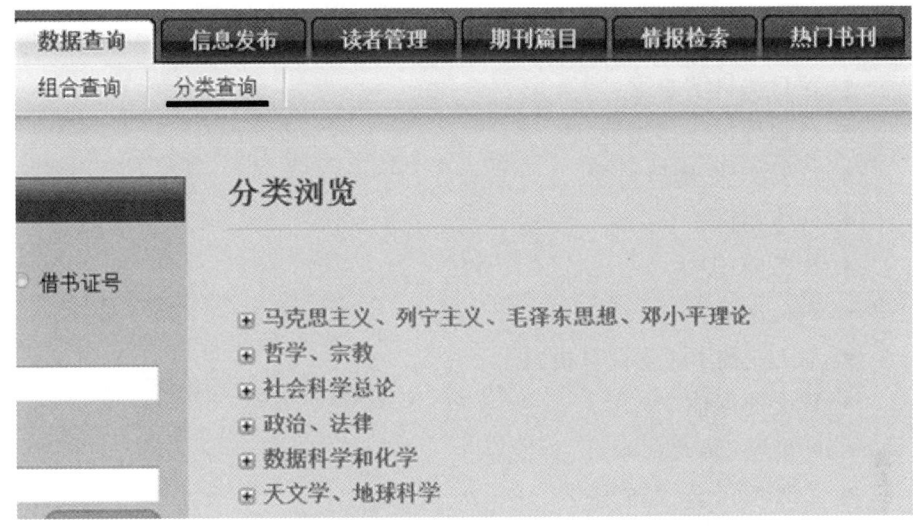

图 3.47　贵州师范学院图书馆 OPAC "分类查询" 链接途径

在前面第二章检索语言中的分类语言提到过中国图书馆分类法《中图法》。它是我国大多数图书馆和情报研究单位所采用的综合性图书资料分类工具书。它是按照图书的内容、形式、体裁和读者用途等,在一定的哲学思想指导下,运用知识分类的原理,采用逻辑方法,将所有学科的图书按其学科内容分成马列主义、毛泽东思想,哲学,社会科学,自然科学,综合性图书五大部类,在五个基本部类基础上,组成 22 个基本大类。

22 个基本大类序列如下:

- A 马列主义、毛泽东思想、邓小平理论
- B 哲学、宗教
- C 社会科学总论
- D 政治、法律
- E 军事
- F 经济
- G 文化、科学、教育、体育
- H 语言、文字
- I 文学

- J 艺术
- K 历史、地理
- N 自然科学总论
- O 数理科学和化学
- P 天文学、地球科学
- Q 生物科学
- R 医药、卫生
- S 农业科学
- T 工业技术（含计算机科学）
- U 交通运输
- V 航空、航天
- X 环境科学、安全科学
- Z 综合性图书

《中图法》采用汉语拼音与阿拉伯数字相结合的混合制号码。用一个字母标志一个大类，以字母的顺序反映大类的序列，大类用字母来表示，大类下的小类用字母加数字来表示。每一大类下分许多小类，每一小类下再分子小类……每一种书都可以分到某一个类目下，每一个类目都有一个类号。分类词表是层次结构的类号和类目的集合。

例如：G　文化、科学、教育、体育
　　　G8　体育
　　　　G83　体操运动
　　　　　G831　基本体操
　　　　　　G831.1　广播操

如果是一本主题内容讲述广播体操的图书，那么使用《中图法》分类后的类号为G831.1。

在OPAC系统中，检索者可根据列出的22个大类类目，锁定目标范畴。比如想查询初等教育方面的文献，则点击"G文化、科学、教育、体育"类以弹出下位类目进行选择；想查询有机化学方面的文献，则点击"O数理科学和化学"；想查询观赏园艺方面的文献，则点击"S农业科学"。

【检索实例】
通过分类查询检索贵州师范学院图书馆有关雕塑方面的图书。

【检索步骤】

●进入贵州师范学院图书馆OPAC分类查询界面,点击"艺术"大类后,在大类下会弹出它的系列下级类目。

●点击"雕塑"。

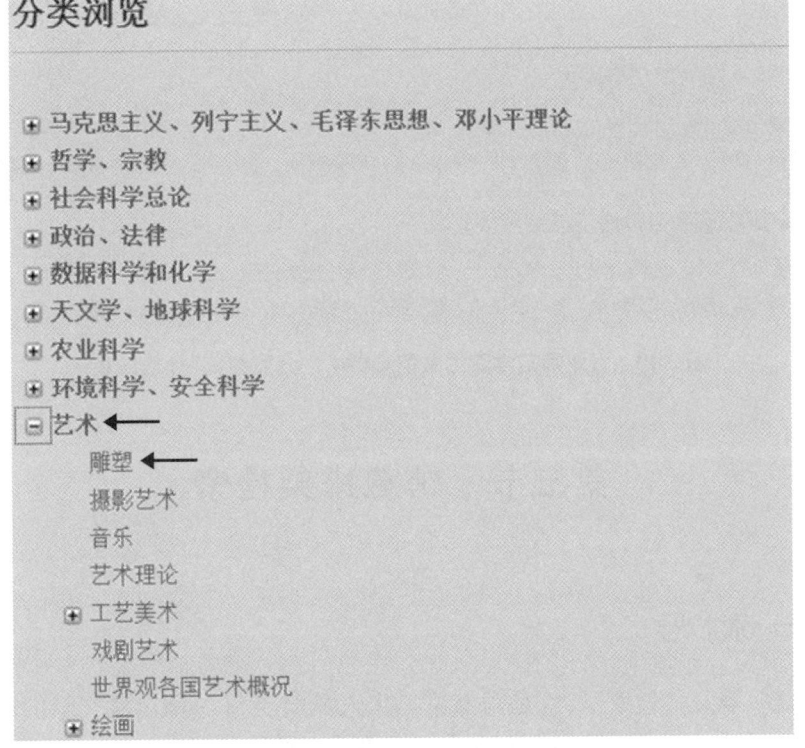

图3.48　贵州师范学院图书馆OPAC"分类浏览"实例

【检索结果】

检索结果显示,该馆通过分类查询检索出有关雕塑类的图书有86种。用此方法可快速了解某一类文献的馆藏资源。

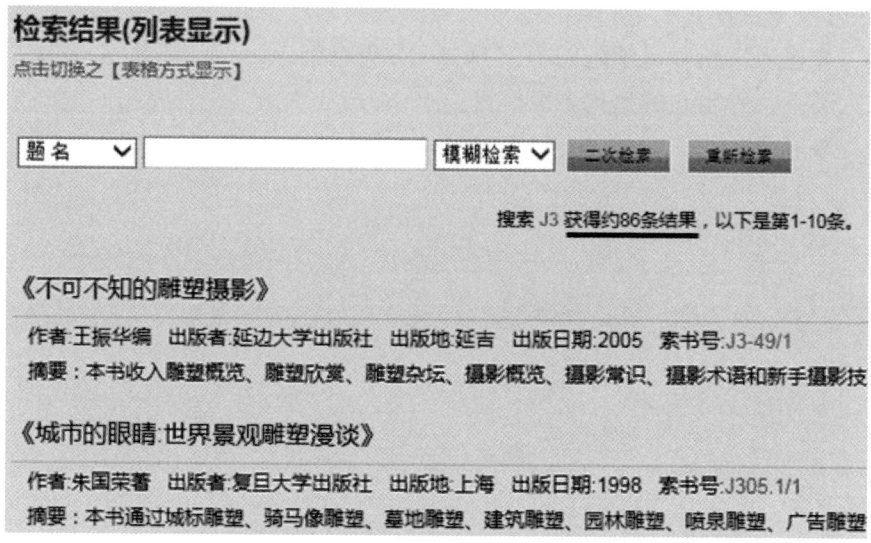

图 3.49 贵州师范学院图书馆 OPAC "分类浏览" 检索结果

第五节 馆藏排架检索

一、索书号

索书号又名索取号,它是图书馆工作人员给予每一种馆藏文献的号码,是文献在书架上的排列顺序依据,也是读者索取文献时的号码。在图书馆每种藏书的索书号是唯一的,代表该文献在书架上排列位置,是文献外借和馆藏清点的主要依据,是读者查找文献非常必要的代码信息,也是图书馆清点具体某一类图书的依据。这种号码具有一定结构并带有特定的意义。在馆藏系统中每种索书号是唯一的,可借以准确地确定馆藏文献在书架上的排列位置。

索书号构成一般由分行排列的几组号码组成,由于图书馆藏书排架方法基本上可分为分类排架和形式排架两大类。因此,索书号也基本上可分为分类索书号和形式索书号两大类。在各类型图书馆中,基本使用的是分类排架法,在此只介绍分类索书号。

分类索书号一般由分类号、书次号、辅助区分号三部分构成。其中分类号、书次号是必备的,辅助区分号只在出现某些情况(比如同一种书的不同卷册、版本、译者等)下才加以辅助区分号使同种书既能集中排列又能加以区分。

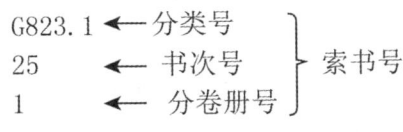

图 3.50　索书号构成

①分类号:它是图书所属的学科分类代码。比如上图图例的 G823.1 是《中图法》中跳高类图书的分类号。分类号的作用是将文献按不同学科分类,将同类文献集中,达到按类索取的目的。

②书次号:是以每种文献为单位,按同类文献分编的先后顺序排列编号。书次号有很多类型,如编目顺序号、著者号、年代号等。而上图图例的书次号是编目顺序号,代表该书是 G823.1 类图书第 25 种到馆分编的图书。

③辅助区分号:是对同一种文献进一步区分的标记符号。如同种文献的不同卷册、版本等。上图图例的"1"是代表该种图书的分卷册号,表示是多卷书的第一册或上册。

二、藏书排架

藏书排架有多种类型:分类排架、专题排架、字顺排架等。因为分类排架是现今主要使用的排架方法,因此只介绍分类排架法。

分类排架规则:

分类号不同,按分类号字母顺序 A、B、C、D……从左到右依次排架;

分类号相同,按书次号顺序从小到大从左到右依次排架;

分类号和书次号都相同,按辅助区分号顺序从小到大从左到右依次排架

图书馆文献按架次从左到右,从上到下进行排列;

每个库房有文献种类标牌;

每排书架都有架标,指示每一架所陈列的文献类型。

图 3.51 藏书排架

读者按索书号查找图书时,可参照以下步骤进行:
①先看首位英文字母,了解文献所属的学科类型;
②字母相同的再看字母后的第一位数字,数字是由小到大排列的;
③第一位数字相同的再看第二位数字的大小,以此类推。
④分类号完全相同的再看下面的书次号,数字是由小到大排列的;分类号与书次号都相同,再看辅助区分号。

特别需要注意的是:读者在查询索书号时,分类号字母相同的只看同一位上的数字大小,而不能看整个数字的大小。例如,G823.1 是排在 G85 的前面,因为两个分类号字母相同,第一位数字 8 也相同,但 G823.1 第二位数字是 2,而 G85 第二位数字是 5,2 比 5 小,所以 G823.1 是排在 G85 的前面而不是后面。再如这组索书号的先后排列顺序应该是:I2/1322、I2-51/1200、I236/2455、I236.73/546、I236.73/842、I247.57/26、I247.57/27。

现今,很多图书馆已采用了 RFID 技术来实现图书自助借阅、还书、顺架、查找、盘点等功能。在图书馆的应用中,RFID 标签可为一本书籍或一张光盘存储一个唯一的标识符号,并且可以通过这个符号进行快速高效的流通处理和库存管理。RFID 图书馆系统以 RFID 技术为基础,把先进的 RFID 技术同图书管理系统有机地结合起来,将书架"格"的位置翻译为机器码写入 RFID 层架标中或数据库中;再将每一格中首位图书的 RFID 标签与该格的层架标相关联,其他图书在书架上的架位数据,是利用馆藏图书的分类排架号的有序性,由系统后台根据分类排架号自动计算出来并存放在数据库中。此技术的应用有效地提高了图书管理的效率、简化了图书管理的流程、降低了图书管理人员的劳动强度。

第四章 数字资源库检索

第一节 中国知网检索

一、中国知网简介

中国知网,是国家知识基础设施(National Knowledge Infrastructure,NKI)的概念,由世界银行于1998年提出。CNKI工程是以实现全社会知识资源传播共享与增值利用为目标的信息化建设项目,由清华大学、清华同方发起,始建于1999年6月。CNKI工程集团经过多年努力,采用自主开发并具有国际领先水平的数字图书馆技术,建成了世界上全文信息量规模最大的"CNKI数字图书馆",并正式启动建设《中国知识资源总库》及CNKI网格资源共享平台,通过产业化运作,为全社会知识资源高效共享提供最丰富的知识信息资源和最有效的知识传播与数字化学习平台。全文文献数据的年产能力达400万篇,年信息处理能力达5亿条。

凭借优质的内容资源、领先的技术和专业的服务,中国知网在业界享有极高的声誉,通过与期刊界、出版界及各内容提供商达成合作,中国知网已经发展成为集期刊、博士论文、硕士论文、会议论文、报纸、工具书、年鉴、专利、标准、国学、海外文献资源为一体的、具体国际领先水平的网络出版平台。中心网站的日更新文献量达5万篇以上。基于海量的内容资源增值服务平台,任何人、任何机构都可以在中国知网建立自己个人数字图书馆,定制自己需要的内容。

表 4.1　中国知网资源总库资源数量(截至 2016 年 12 月 31 日)

文献类型	出版文献量	完整率	年更新量
学术期刊	8286 种期刊,4813 万余篇文献	99.9%	260 万篇
博士论文	431 家博士授予单位,31 万余篇文献	90%	2.2 万篇
硕士论文	719 家硕士培养单位,297 万余篇文献	96%	28.9 万篇
国际会议论文	收录了由国内外 4000 余家授权单位推荐的 5600 多次国际学术会议的论文,以及国内外召开的会议的音像视频 收录国际会议论文 69 万余篇	80%	600 本论文集 7 万篇文献
中国会议论文	收录了由国内外 4300 多家授权单位推荐的 17000 多个国内重要学术会议的论文,收录完整率达 85% 以上;并收录国内外召开的会议的音像视频 收录论文 214 万余篇	96%	1600 本论文集 14 万篇文献
标准	国家标准 47350 条 行业标准 17856 条	90%	3600 余条 1390 余条
专利	中国专利 1985 年至今收录各类专利 1595 万条 国外专利 1970 年以来收录各国专利共 7464 万条	100%	160 万 160 万
报纸	2016 年度共收录各级党报及特色行业报等重要报纸 500 余种;出版文献总量达 1510 余万篇		100 万篇

在中国知网官网上对各文献类型数据库均有介绍,本书选择性介绍中国学术期刊(网络版)(CAJ－N)、中国优秀硕士学位论文全文数据库(CMFD)、中国博士学位论文全文数据库(CDFD)。

(1)中国学术期刊(网络版)(CAJ—N)

《中国学术期刊(网络版)》(CN11—6037/Z)是第一部以全文数据库形式大规模集成出版学术期刊文献的电子期刊,它是目前全球最大的连续动态更新的中文学术期刊全文数据库,是国家学术期刊最具权威性的文献检索工具和网络出版平台,基本完整收录了我国的全部学术期刊,覆盖所有学科的内容。它为国家"十五""十一五"国家重大电子与网络出版工程项目,并于 2008 年获得国家最高出版荣誉奖——"首届中国出版政府奖—网络出版物奖"。

该库共分十大专辑出版光盘版和网络版,均有正式出版号。

表 4.2 中国学术期刊(网络版)资源统计

收录范围	我国公开出版发行的学术期刊(含英文版)全文文献,包括基础与应用基础研究、工程技术、高级科普、政策指导、行业指导、实用技术、职业指导类期刊
文献总量	截至 2016 年年底累计收录 8286 种期刊,文献量达 4813 万余篇。其中,独家收录期刊 1611 余种,核心收录期刊 1979 余种
收录年限	1915 年至今(3500 余种期刊收录回溯至创刊)
期刊种数收录完整率	核心期刊、重要评价性数据库来源期刊完整率高于 95%;其它学术期刊完整率高于 93%
文献期数收录完整率	文献收录期数完整率高于 99%
文献篇数收录完整率	文献篇数收录完整率高于 99%
出版时效	纸质期刊出版 2 个月内出版网络版
更新频率	每日更新
导航体系	学科导航、期刊导航
知网节模块	节点文献的二级参考文献、参考文献、共引文献、同被引文献、引证文献、二级引证文献、相似文献、同行关注文献、相关作者文献、相关机构文献,可以链接到期刊、博硕、会议、报纸、专利、标准、年鉴、国际期刊、科技成果、图书等数据库使用
检索结果处理	支持通过分组排序检索结果进行进一步筛选,可按照期刊名称、研究资助基金、文献作者、作者单位、关键词、发表年度、研究层次等条件进行分组聚类,并且对于检索结果还能够按照发表时间、相关度、被引频次、下载频次等进行排序
优先数字出版	2010 年 10 月,中国知网率先在全国启动期刊优先数字出版。截至 2017 年 2 月,"中国知网"优先数字出版期刊已经签约合作 3289 种,优先数字出版累计文献量 91 万余篇

(2)中国博士学位论文全文数据库(CDFD)

《中国博士学位论文全文数据库》是国内资源内容最完备、质量最高、出版周期最短,数据最规范的博士学位论文全文数据库,是国务院学位委员会指定的唯一博士学位点评估依据数据库。

表 4.3　中国博士学位论文全文数据库资源统计

收录范围	具有博士学位授予权的学科点的全部博士学位论文（涉及国家保密的论文除外）
文献总量	截至 2016 年年底收录博士论文 31.6 万余篇。其中，149 家培养单位与 CNKI 独家合作；包括"985 工程"院校 12 家，"211 工程"院校 38 家，分别占 985、211 院校总数的 31%和 33%
收录年限	2000 年至今（部分回溯收录至 1984 年）
收录完整率	文献来源完整率：已签约向 CDFD 投稿的博士培养单位有 431 家（涉及国家保密的单位除外），占我国博士学位培养单位的 98%。211 院校学位论文覆盖率达到 100%
文献收录完整	2011 年起每年博士论文出版数量占全国当年毕业且可公开出版的博士学位论文总量的 90%以上
出版时效	大多数论文出版不晚于授予学位之后 2 个月
更新频率	每日更新
导航体系	学科专业导航、学位授予单位导航
出版预报	可查看正在生产线上制作的学位论文的篇名、作者、导师、学位授予单位等题录信息，通报最新学位论文的收录情况
知网节模块	节点文献的二级参考文献、参考文献、共引文献、同被引文献、引证文献、二级引证文献、相似文献、同行关注文献、相同导师文献、文献分类导航、相关作者文献，可以链接到期刊、博硕、会议、报纸、专利、标准、年鉴、国际期刊、科技成果、图书等数据库使用
检索结果处理	支持通过分组排序检索结果进行进一步筛选，可按照学科类别、学位年度、学位授予单位、研究助基金、导师、学科专业、研究层次、关键词等条件进行分组聚类，并且对于检索结果还能够按照发表时间、主题排序、被引频次、下载频次、学位授予年度等进行排序

（3）中国优秀硕士学位论文全文数据库（CMFD）

《中国优秀硕士学位论文全文数据库》是国内资源内容最完备、质量最高、出版周期最短，数据最规范的优秀硕士学位论文全文数据库，是国务院学位委员会指定的唯一硕士学位点评估依据数据库。

表 4.4　中国优秀硕士学位论文全文数据库资源统计

收录范围	具有博士学位授予权单位的优秀硕士学位论文以及全国无博士学位授予权单位的优秀硕士学位论文。以优先保证文献质量为基本原则。已签约向 CMFD 投稿的硕士培养单位 692 家
文献总量	截至 2016 年年底收录优秀硕士论文 297.6 万余篇。其中，297 家培养单位与 CNKI 独家合作；包括"985 工程"院校 12 家，"211 工程"院校 38 家，分别占 985、211 院校总数的 31% 和 33%
收录完整率	文献来源完整率：已签约向 CMFD 投稿的硕士培养单位有 692 家（涉及国家保密的单位除外）。211 院校学位论文覆盖率达到 100%
文献收录完整率	2011 年起每年硕士论文出版数量占全国当年毕业且可公开出版的硕士学位论文总量的 90% 以上
收录年限	2000 年至今（部分回溯收录至 1984 年）
出版时效	大多数论文出版不晚于授予学位之后 2 个月
更新频率	每日更新
导航体系	学科导航、学位授予单位导航
检索字段	主题、题名、关键词、摘要、作者、作者单位、学位单位、导师、第一导师、全文、参考文献、优秀论文级别、学科专业名称、目录、中图分类号、学位年度、更新时间、支持基金
下载方式	分章下载、整本下载、分页下载、在线阅读
出版预报	可查看正在生产线上制作的学位论文的篇名、作者、导师、学位授予单位等题录信息，通报最新学位论文的收录情况
知网节模块	节点文献的二级参考文献、参考文献、共引文献、同被引文献、引证文献、二级引证文献、相似文献、同行关注文献、相同导师文献、文献分类导航、相关作者文献，可以链接到期刊、博硕、会议、报纸、专利、标准、年鉴、国际期刊、科技成果、等数据库使用
检索结果处理	支持通过分组排序检索结果进行进一步筛选，可按照学科类别、学位年度、学位授予单位、研究资助基金、导师、学科专业、研究层次、关键词等条件进行分组聚类，并且对于检索结果还能够按照发表时间、主题排序、被引频次、下载频次、学位授予年度等进行排序

二、中国知网检索介绍

中国知网各类型数据库检索方法相似，本节以中国学术期刊（网络版）为示范进行检索方法绍。

(1)连接方式(www.cnki.net)

在中国知网首页,点击资源总库

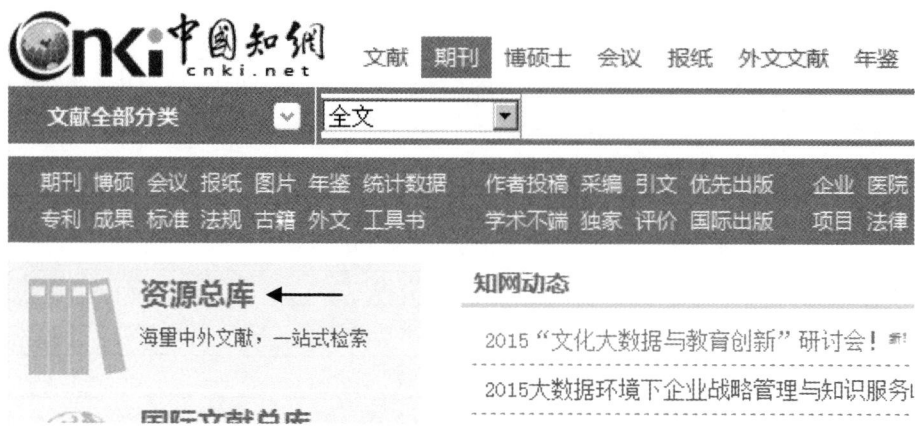

图 4.1　中国知网主页

进入资源总库后,选择中国学术期刊网络出版总库

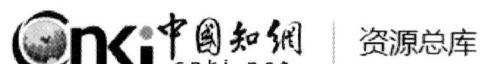

图 4.2　"中国学术期刊(网络版)"选项

或者直接在中国知网首页点击"期刊"标签

第四章 数字资源库检索

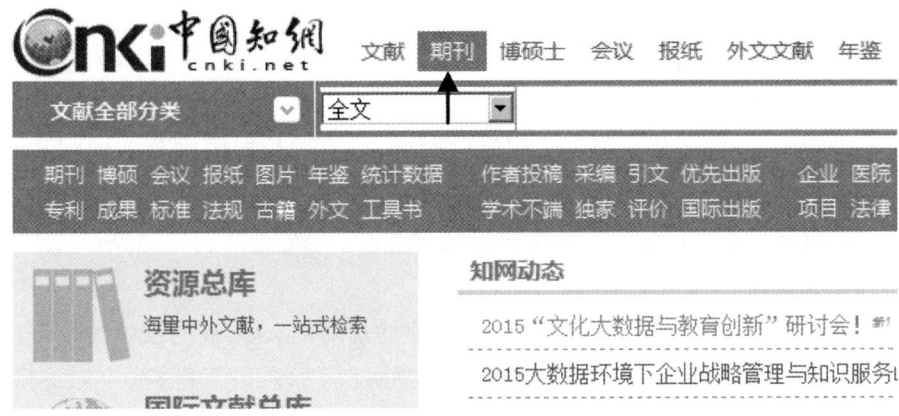

图 4.3　中国知网主页"期刊"选项

（2）检索方式

检索系统提供了基本检索、高级检索、专业检索、作者发文检索、科研基金检索、句子检索、来源期刊检索 7 种检索方式，主题、篇名、关键词……14 种检索途径，以及并含、或含、不含三种逻辑组配。

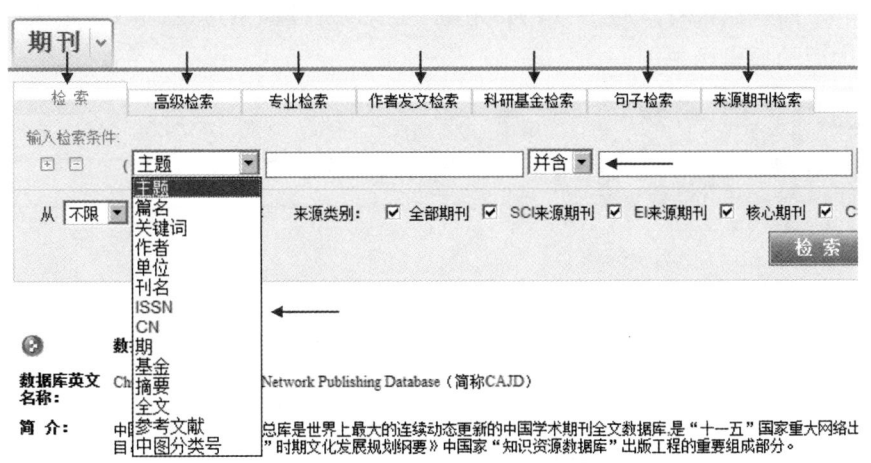

图 4.4　中国知网"期刊"检索界面

①基本检索

【检索实例】

查找有关研究毛南族的期刊文献。

【检索步骤】

分析研究课题、选择检索工具、确定检索途径、确定检索方法、调整检索策略、获取检索结果并整理。

●第一步:分析检索目的。根据课题需求,有关研究毛南族的期刊文献都需要列出,那么检索的目标文献需尽量查全,而"毛南族、毛南语、毛南人、毛南民歌等"都属于研究毛南族的范畴。此时,应缩短检索词,只取"毛南"作为检索词来扩大检索范围。

●第二步:选择检索工具。因课题需要的是期刊文献,此时检索工具选择中国知网的"期刊"标签即可。如果课题需要期刊、博硕、报纸等多种文献类型,则选择最前面的"文献"标签,此选项可将知网所有的文献类型检索结果列出。

●第三步:确定检索途径。为了查全,我们不妨测试"篇名、主题、全文"多种检索途径,综合考评查全率。

●第四步:确定检索方法。因课题要求比较简单,没有过多的限制条件,选择"基本检索"即可。

【检索结果】

下面我们来看看通过"篇名、主题、全文"三种检索途径,输入"毛南"检索词后的检索结果。

图 4.5　篇名检索"毛南"

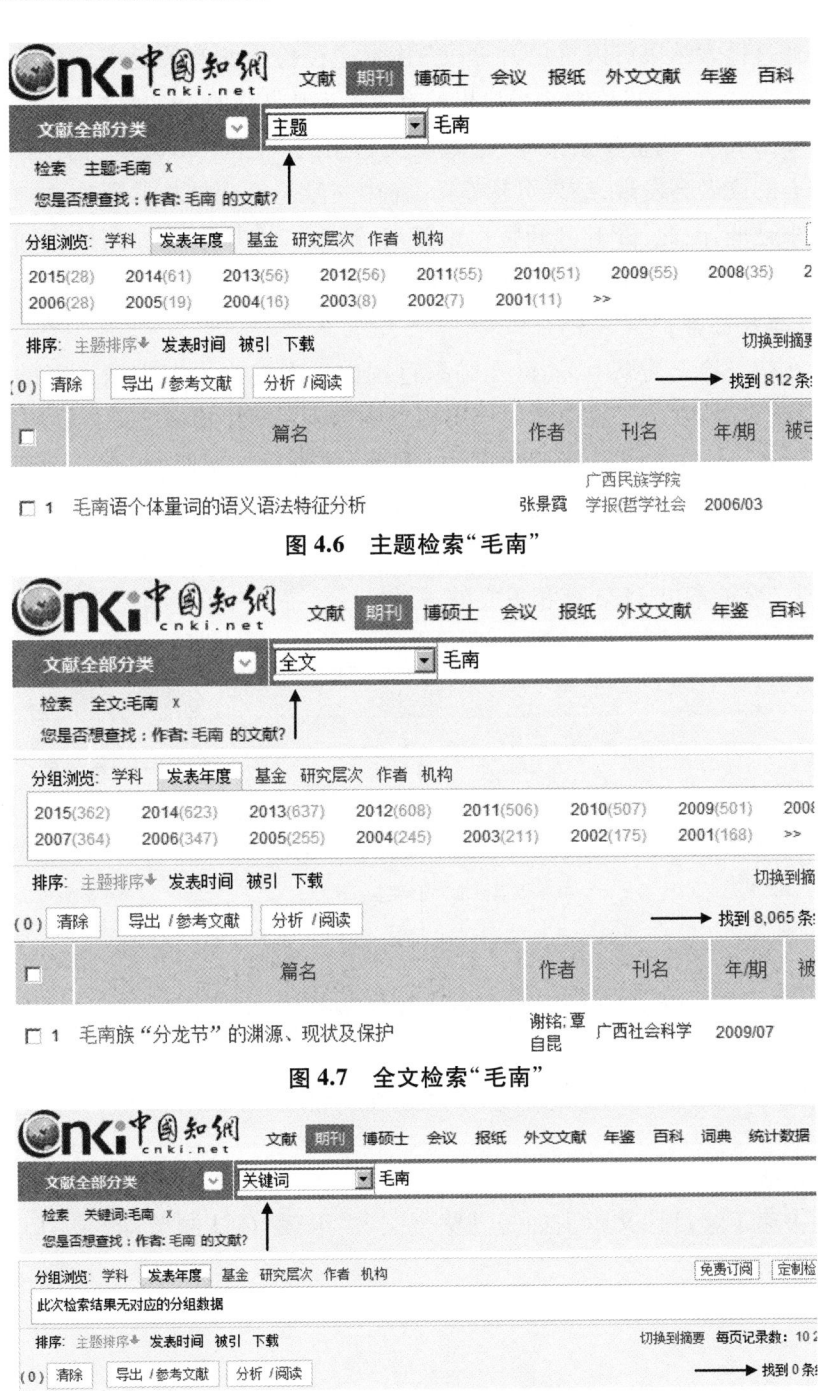

图 4.6　主题检索"毛南"

图 4.7　全文检索"毛南"

图 4.8　关键词检索"毛南"

通过检索结果可以看出,"全文"检索途径检出的有关毛南族相关期刊文献最多,"关键词"检索途径检出的有关毛南族相关期刊文献最少。

●第五步:调整检索策略:通过全文检出的"毛南"相关期刊文献最多,但细心的读者会发现,结果页越靠后,命中文献与毛南族核心研究文献相关度越来越低,因此,读者可调整检索策略,通过二次检索或提高检索词的专指度在全文检索中重新检索,对比检索结果。

【二次检索】

在初级检索结果中,均可在结果范围内再次在文本框中输入新的检索词进行二次检索。二次检索的作用相当于在前后两次检索之间的逻辑"与"匹配运算。二次检索功能灵活强大,可以反复进行二次匹配,直至达到检索需求。比如在上述案例全文检出的 8065 条结果界面中,若想提取有关该民族语言的相关文献,则在文本框中输入"语言",然后点击"结果中检索"标签,则二次检索出 3123 篇相关文献。

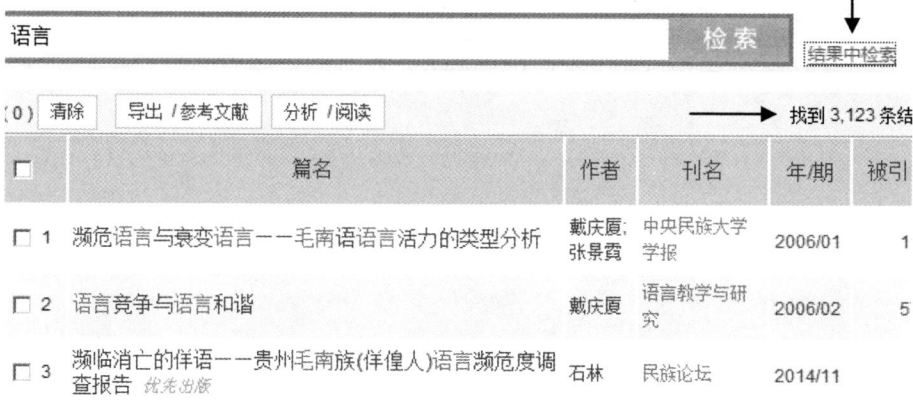

图 4.9 二次检索结果

点击目标文献,系统进入题录摘要显示界面。读者可根据关键词、摘要等快速了解目标文献。如需浏览全文,需下载"CAJ 浏览器"或"PDF 浏览器"。

第四章 数字资源库检索

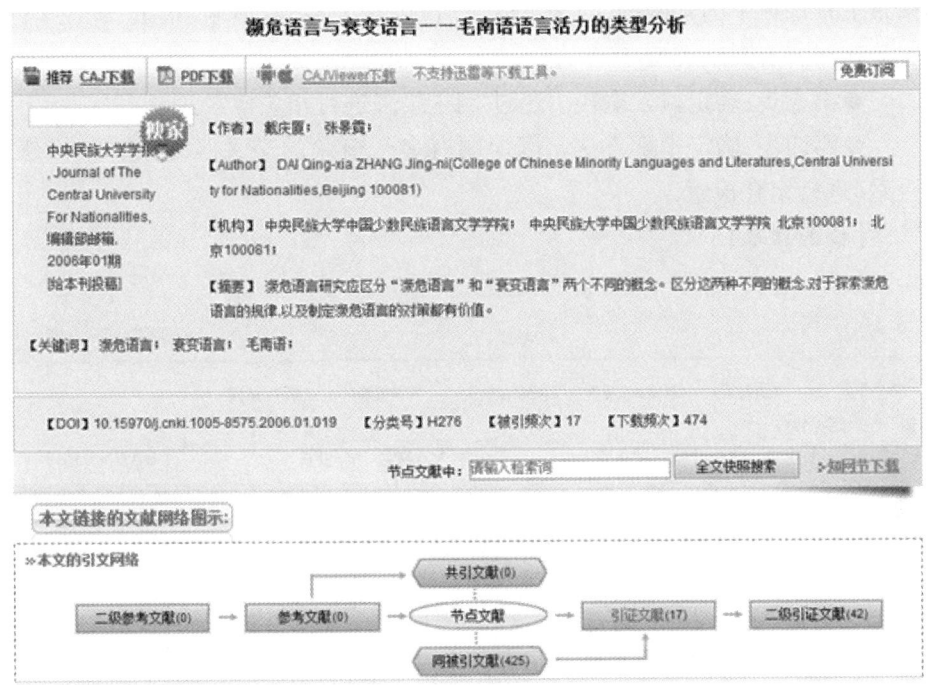

图4.10 中国知网检索摘要页

②高级检索

【检索实例】

案例1:我国对跨境资本流动监管的分析研究。❶

●第一步:分析检索目的。根据课题标题,该课题主要包括两组大概念:"跨境资本流动"和"监管"。而"分析""研究"之类的词由于概念过于宽泛,无太大实际检索意义,且词频太高,不宜作检索词。再看"跨境资本流动",可拆成"跨境资本"和"资本流动"两组概念。"跨境资本"的相邻概念又有"跨国资本"和"国际资本"。它们可分别以"跨境资本"AND"监管""跨国资本"AND"监管""国际资本"AND"监管"进行组配检索以避免漏检。而该课题还有一个概念"资本流动",它又可与"监管"组配进行检索。

●第二步:选择检索工具。因课题需要的是所有的有关研究文献,此时

---

❶ 李谋信.信息资源检索[M].北京:机械工业出版社,2010:27.

· 109 ·

检索工具选择中国知网的"文献"标签,它包含了期刊、博硕、报纸、会议、年鉴等知网所有文献类型。

● 第三步:确定检索途径。通过"主题"来进行相关检索。

● 第四步:确定检索方法。因课题有多个概念的交叉匹配,选择"高级检索"进行组合检索。

【检索结果】

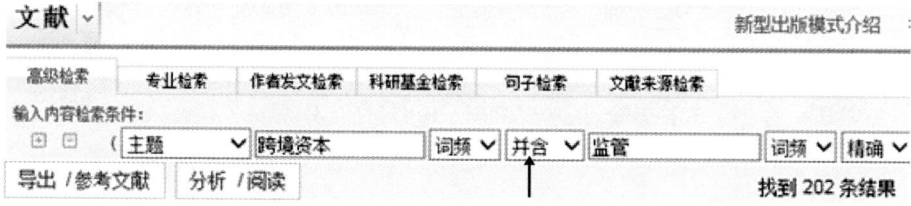

图 4.11 "跨境资本 AND 监管"组合检索(命中 202 条记录)

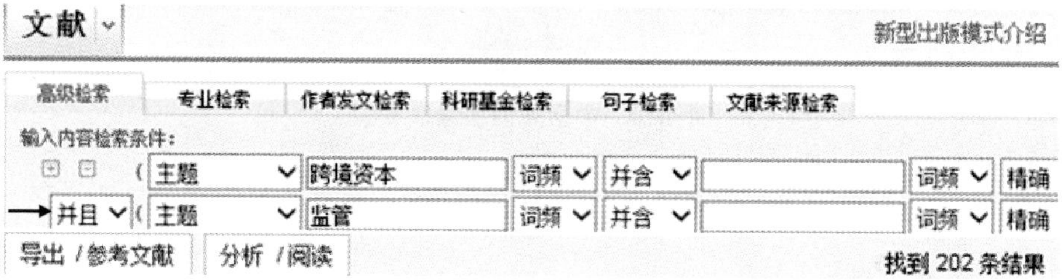

图 4.12 纵向运用逻辑"与"算符,检索结果一致

图 4.13 "跨国资本 AND 监管"组合检索(命中 30 条记录)

图 4.14 "国际资本 AND 监管"组合检索(命中 1184 条记录)

第四章 数字资源库检索

图 4.15 "资本流动 AND 监管"组合检索(命中 1163 条记录)

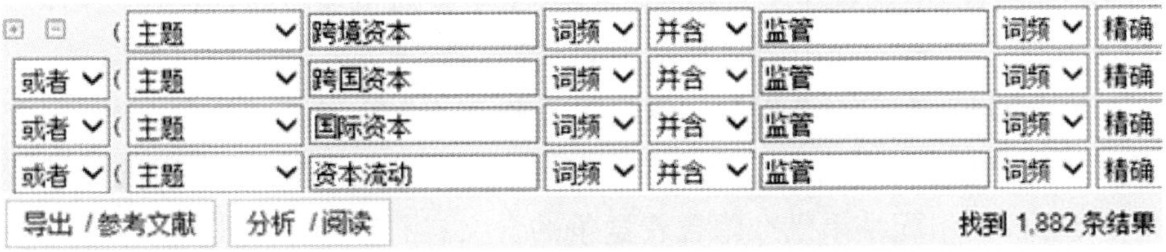

图 4.16 运用逻辑"与""或"算符组合检索(命中 1882 条记录)

图 4.17 逻辑算符、检索词相同,改变匹配方式

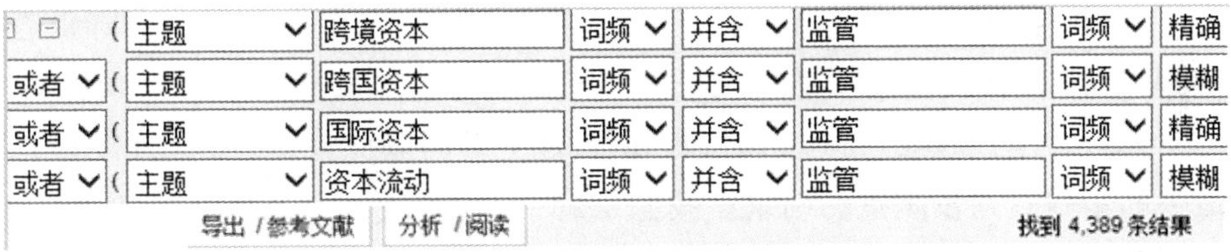

图 4.18 命中 4389 条记录

● 第五步:调整检索策略。可根据课题的研究进展,在查全的基础上,逐步筛选核心文献以提高查准率。比如可多次限定检索词、限定发表年度、限定研究层次等等。

案例 2:我国电视媒体广告市场竞争格局态势的分析❶

● 第一步:分析检索目的。任何一个课题的检索都可以有多种检索策

---

❶ 李谋信.信息资源检索[M].北京:机械工业出版社,2010:32.

· 111 ·

略,可根据实际需要和检索结果灵活进行调整。根据这个课题,我们可以先用"电视媒体广告市场"来进行检索。但由于这个词概念过于限定,加上检索词稍长,会造成查全率太低,检索结果不尽如人意。可将概念扩大为"媒体广告",还可列出其下位概念词"电视广告"。这类检索词既符合课题主题,概念限定又比"电视媒体广告市场"少,查全率会高很多。如果使用"媒体广告""电视广告"检索命中结果太多,可匹配"市场"或"竞争"进行组合检索。

而"市场"与"竞争"两个检索词可看作逻辑"或"关系。因这它们有着极密切的关系。当使用"媒体广告"或"电视广告"与"市场"一词进行逻辑"与"组配时,组配结果已经隐含着竞争的含义;当使用"媒体广告"或"电视广告"与"竞争"一词进行逻辑"与"组配时,命中文献必然处在市场环境中。所以这两个词虽然不是同义词或上下位概念词,但却是该课题高度相关的词,在检索中可根据检索需要进行替换。

由于电视台的收视率对于广告商的广告投放有直接关系,"收视率"这个检索词对本课题也很重要,应补充为关键词。为查全,可先用"收视率"进行试探检索,如果命中文献量太大,可用"广告"或"市场"分别在结果中二次检索或直接组配检索。

为何不用"电视"或"媒体"进行二次检索?因为"收视率"一词已经隐含了"电视"的概念,如果用"电视"进行在结果中的二次检索反而会降低查全率。而"电视"这个概念从属于"媒体",用它进行二次检索意义也不太大。

并且,在对课题进行检索时,最重要的检索词应优先检索,这样才能用最少的步骤查到较满意的结果。我们来看一下该课题的各组检索策略。

●电视媒体广告市场
●电视广告或媒体广告 AND 市场或竞争
●收视率
●收视率 AND 广告或市场或竞争
●第二步:选择检索工具。因课题需要的是所有的有关研究文献,此时检索工具选择中国知网的"文献"标签,它包含了期刊、博硕、报纸、会议、年鉴等知网所有文献类型。
●第三步:确定检索途径。通过"主题"来进行相关检索。
●第四步:确定检索方法。因课题有多个概念的交叉匹配,选择"高级检索"进行组合检索。

第四章 数字资源库检索

【检索结果】

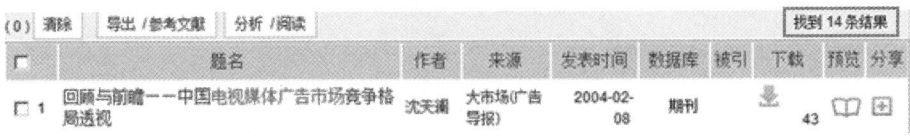

图 4.19 主题检索"电视媒体广告市场"

图 4.20 命中 14 条记录(命中记录太少)

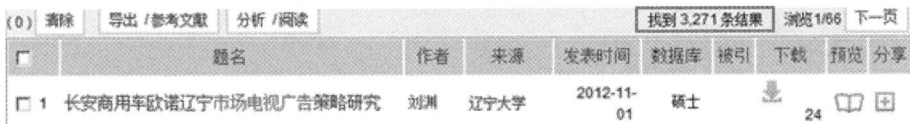

图 4.21 "电视广告 AND 市场"组合检索

图 4.22 命中 3271 条记录

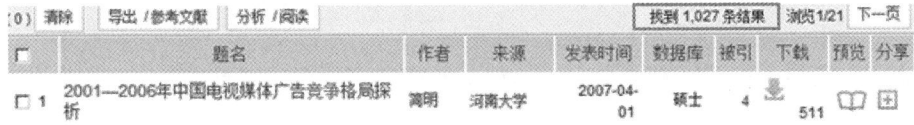

图 4.23 "电视广告 AND 竞争"组合检索

图 4.24 命中 1027 条记录

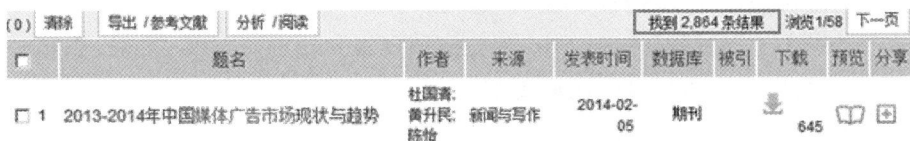

图 4.25 "媒体广告 AND 市场"组合检索

图 4.26 命中 2864 条记录

· 113 ·

图 4.27　"媒体广告 AND 竞争"组合检索

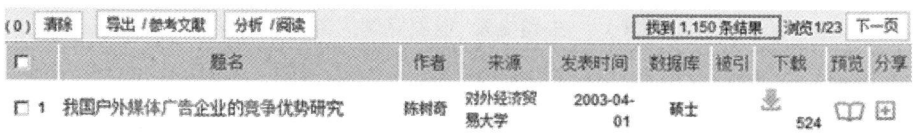

图 4.28　命中 1150 条记录

图 4.29　主题检索"收视率"

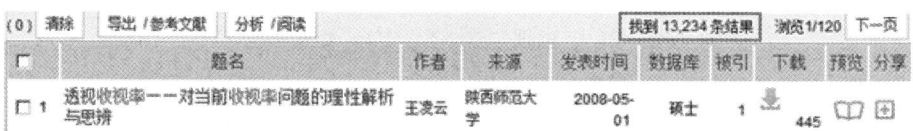

图 4.30　命中 13234 条记录（命中记录太多）

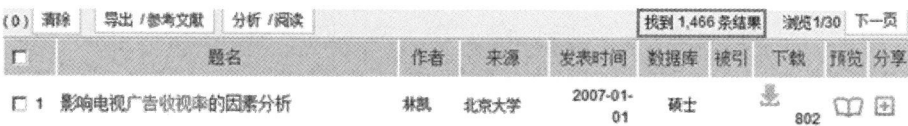

图 4.31　"收视率 AND 广告"组合检索

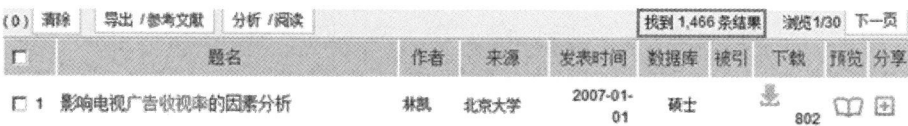

图 4.32　命中 1466 条记录

●第五步：调整检索策略：在以上检索结果中，可灵活根据课题需求的侧重点来多次筛选命中文献。亦可综合运用逻辑"与""或"算符在一个操作界面下组合完成该课题各组检索表达式。

案例 3：查找 1995 年至 2014 年，主题与"亚运会体操项目"相关，在社科基础研究层次，引用次数最高的文献信息。

●第一步：分析检索目的。此课题概念比较简单明了，可快速分解出"亚运会"与"体操"两个主题词，但有三个限制条件，时间"1995 年至 2014

年”“社科基础研究层次”与“引用次数最高”。

●第二步:选择检索工具。选择中国知网的“文献”检索标签。

●第三步:确定检索途径。通过“主题”来进行相关检索。

●第四步:确定检索方法。首先选择“高级检索”进行组合检索。然后再根据高级检索提供的控制功能进行二次限制达到检索目的。

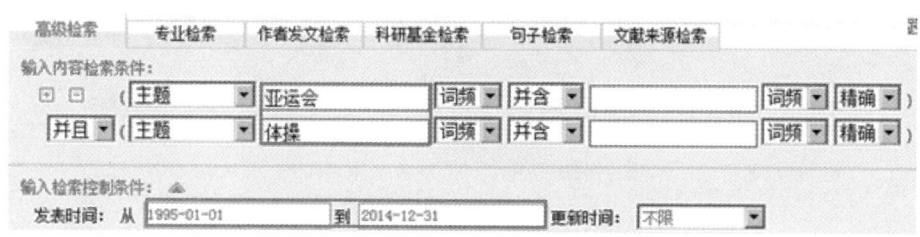

图 4.33　“亚运会 AND 体操”组合检索

(控制条件 1995-01-01 到 2014-12-31)

清除　导出 / 参考文献　分析 / 阅读　找到 132 条结

	题名	作者	来源	发表时间	数据库	被引
1	第十四届亚运会体操团体决赛中国男队实力与发展趋势分析	曲直;李恩琦;陈军;高峰	山东体育学院学报	2003-03-15	期刊	2
2	从42届体操世锦赛和16届亚运会体操比赛成绩分析中国男子体操队现状	贾树波	湖北体育科技	2011-05-15	期刊	3
3	从2006年亚运会、世锦赛和世界杯总决赛分析我国男子体操队现状及发展趋势	刘忆湘;聂应军	山西师大体育学院学报	2007-12-20	期刊	1

图 4.34　命中 132 条记录

根据分组浏览的功能,选择“研究层次”—“基础研究(社科)”,进一步缩小检索范围。最后再按系统提供的排序功能,点击“被引”标签,系统自动根据检索结果从高到低的被引频次依次排出结果。

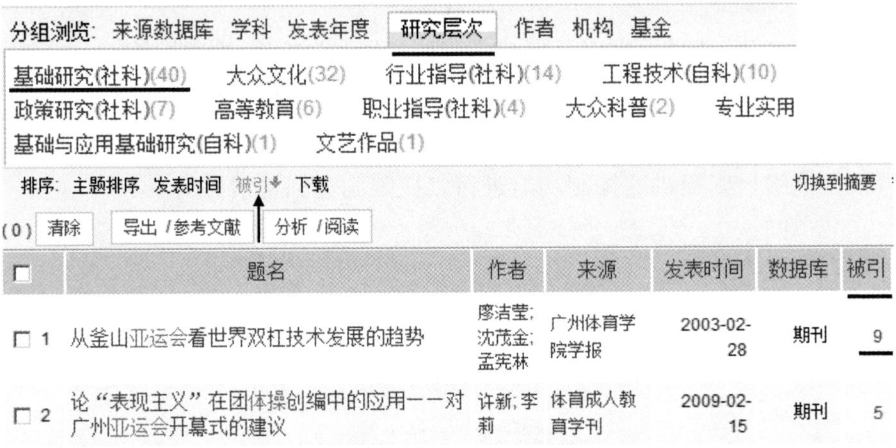

图 4.35 锁定研究层次,被引频次排序

③专业检索

专业检索比高级检索功能更强大,但需要检索人员根据系统的检索语法编制检索式进行检索。适用于熟练掌握检索技术的专业检索人员。在专业检索窗口中可用于构造检索表达式的字段有 SU=主题、TI=题名、KY=关键词、AB=摘要、FT=全文、AU=作者、FI=第一责任人、AF=机构、JN=文献来源、RF=参考文献、YE=年、FU=基金、CLC=中图分类号、SN=ISSN、CN=统一刊号、IB=ISBN、CF=被引频。

本系统提供的专业检索分单库和跨库两种。检索式在本系统各类型文献数据库可通用。多个检索项的检索表达式可使用逻辑运算符有:and、or、not。所有符号(包括操作符)都必须使用英文半角字符。

专业检索功能虽然强大,但使用普及度远不及基本检索和高级检索。

如下图的检索式,可以检索到篇名包括"生态"并且关键词包括"生态文明"并且作者为"陈"姓和"王"姓的所有文献。

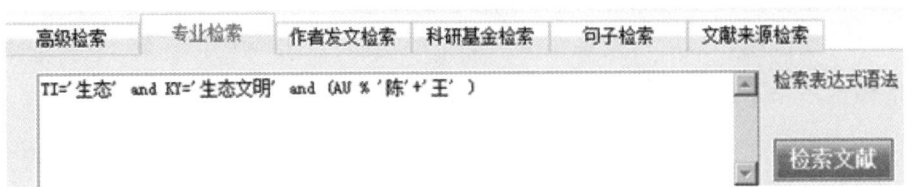

图 4.36 中国知网"专业检索"界面

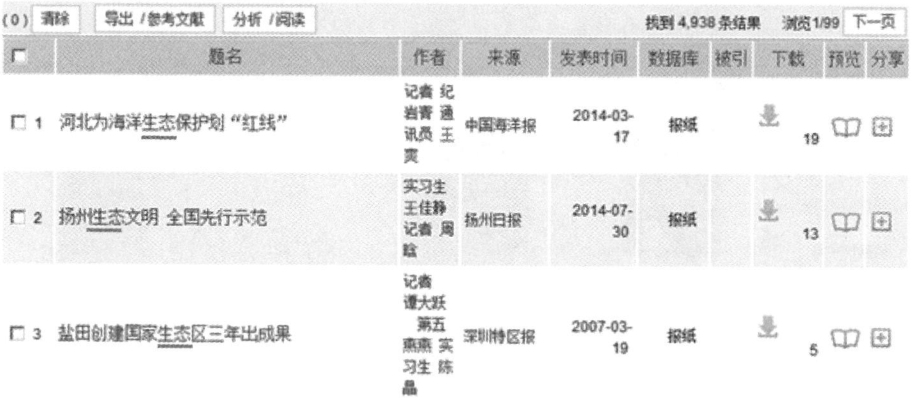

(0) 清除 导出 /参考文献 分析 /阅读　　找到 4,938 条结果　浏览1/99　下一页

	题名	作者	来源	发表时间	数据库	被引	下载	预览	分享
1	河北为海洋生态保护划"红线"	记者 纪岩青 通讯员 王寅	中国海洋报	2014-03-17	报纸		19		
2	扬州生态文明 全国先行示范	实习生 王佳静 记者 周晗	扬州日报	2014-07-30	报纸		13		
3	盐田创建国家生态区三年出成果	记者 谭大跃 第五燕燕 实习生 陈晶	深圳特区报	2007-03-19	报纸		5		

图 4.37　命中 4938 条记录

④导航检索

在知网的首页，读者点击"出版物检索"标签。

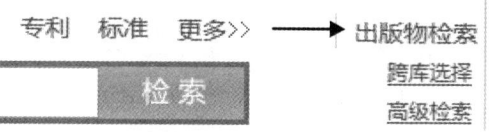

或点击知网首页下方的"特色导航"，均可进入它的导航系统。

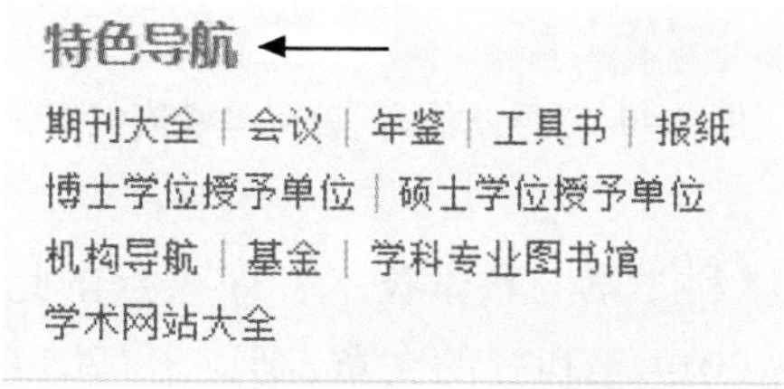

图 4.38　中国知网"导航检索"链接途径

知网的导航系统，用户可不需要输入任何检索词，只要选择自己关心的栏目名称就能直接查到所需专题的文章。例如，期刊导航中提供了多种导航方式：期刊首字母导航、专辑导航、优先出版期刊导航、数据库刊源导航、主办单位导航、核心期刊导航等。

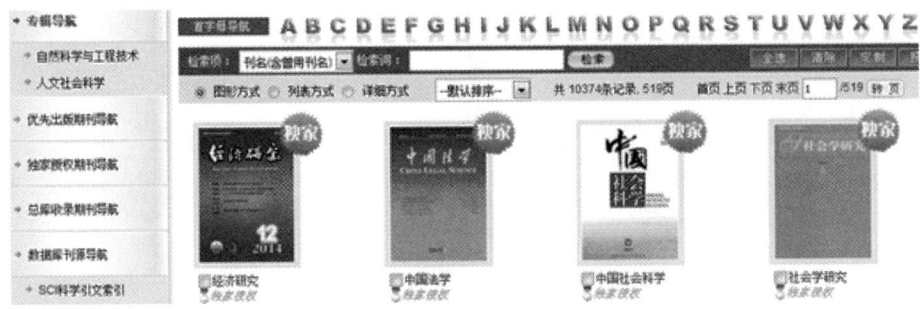

图 4.39 中国知网"导航检索"界面

如下图,点击首字母导航中的"K"字母,则期刊名首字以"K"发音的共命中了 228 条记录。

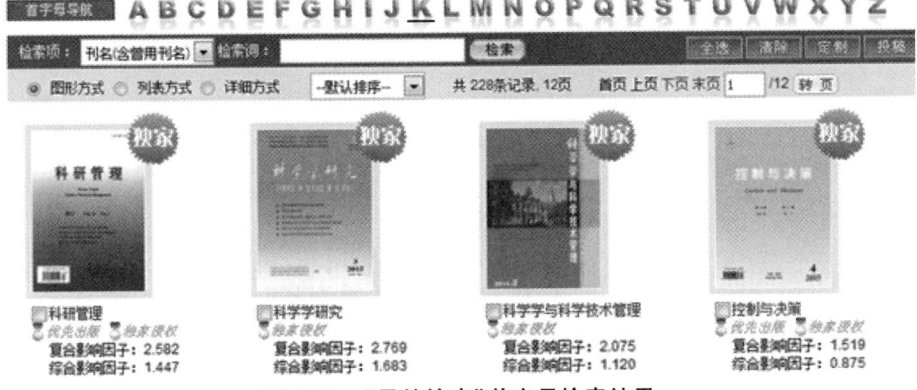

图 4.40 "导航检索"首字母检索结果

如果读者想浏览《科学学与科学技术管理》,点击此刊后,进入此刊收录界面。此时若要了解 2014 年刊登的文章,则点击"2014 年",系统会弹出该年所有卷期。

图 4.41 导航卷期分年分级排序

点击 2014 年 11 期,系统链接到如下界面,该期的所有文章会一一列出,读者可任意选中目标文献在线浏览或下载。

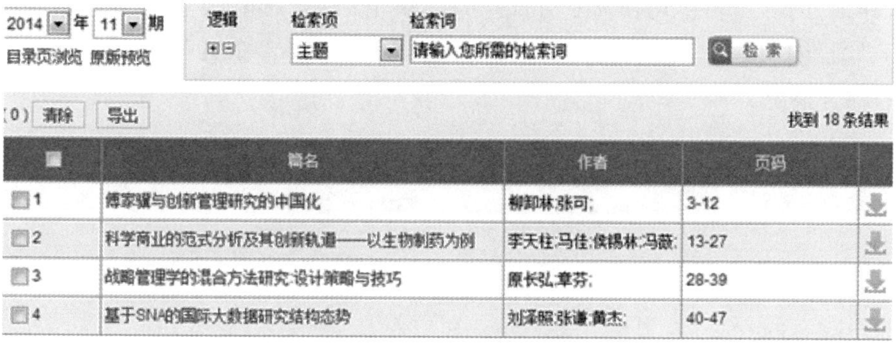

图 4.42　卷期检索结果

再示例其专辑导航功能。其专辑导航分为"自然科学与工程技术"和"人文社会科学"两个大类。每个大类下又分出若干二级学科类目,二级类目下又细分出三级学科类目,类似于《中图法》的等级分类体系。读者可根据需要逐级找到目标学科门类。如下图所示,点击专辑导航下的"人文社会科学",系统弹出"哲学与人文科学""社会科学Ⅰ""社会科学Ⅱ""经济与管理科学"四个二级大类,而这四个二级大类下又细分出了"文史哲综合""考古""政治军事法律综合"等三级下位类,每个二、三级类目后均统计有期刊种数。

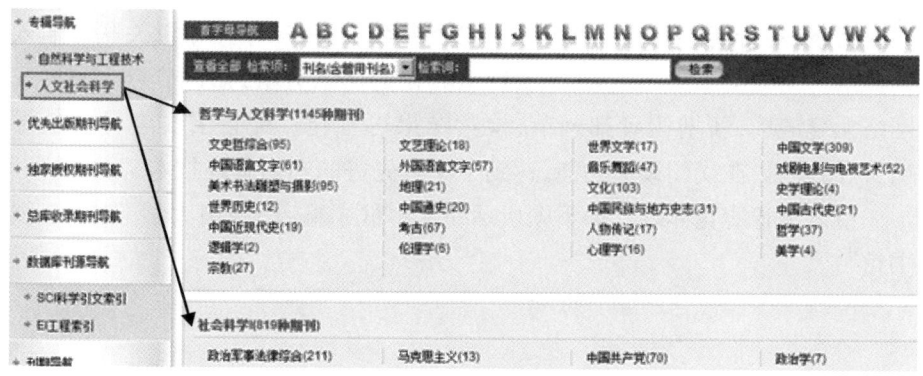

图 4.43　中国知网"专辑导航"

以"考古"类为例,占击"考古"三级类目标签,系统链接进入考古类的导航界面,所有的考古类期刊均一一列出。系统提供"图形方式""列表方式""详细方式"可自由切换显示方式。并提供了"综合影响因子""复合影响因子""被引次数""期刊名称"四种排序方式,方便读者全方位掌握该类期刊的综合情况。

序号	期刊名称	主办单位	复合影响因子	综合影响因子	被引次数
1	文物	文物出版社	1.198	0.553	74195
2	考古学报	中国社会科学院考古研究所	1.771	0.829	25355
3	考古	中国社会科学院考古研究所	1.110	0.517	59907
4	江汉考古	湖北省文物考古研究所	0.617	0.262	9815
5	故宫博物院院刊	故宫博物院	0.310	0.147	9473
6	中原文物	河南博物院	0.335	0.148	15370
7	华夏考古	河南省文物考古研究所 河南省文物考古学会	0.383	0.195	8124
8	北方文物	北方文物杂志社	0.274	0.156	9922
9	中国国家博物馆馆刊	中国国家博物馆	0.246	0.134	5069
10	农业考古	江西省社会科学院	0.186	0.085	19613

图 4.44 "专辑导航"检索结果

(3)知网技术特点

中国知网每类资源均配有与其数据特点相适应的先进的数据库检索系统,多种分类导航方式,学科分类可达三到四级。研发了最新的 CNKI 知识发现网络平台,其检索实现智能化体现,检索结果中、外文知识关联。输入词提示自动补全和扩展服务,并实现工具化的文献分析,知识节点之间形成网络无缝链接,新增读者知网节,检索结果可视化。配备引文参考文献导出,订阅推送、在线阅读等功能,达到了配套先进的知识管理技术。

检索呈智能化体现。如下图所示在文本框中输入"中山大学 陈焕文 图书馆"。

第四章 数字资源库检索

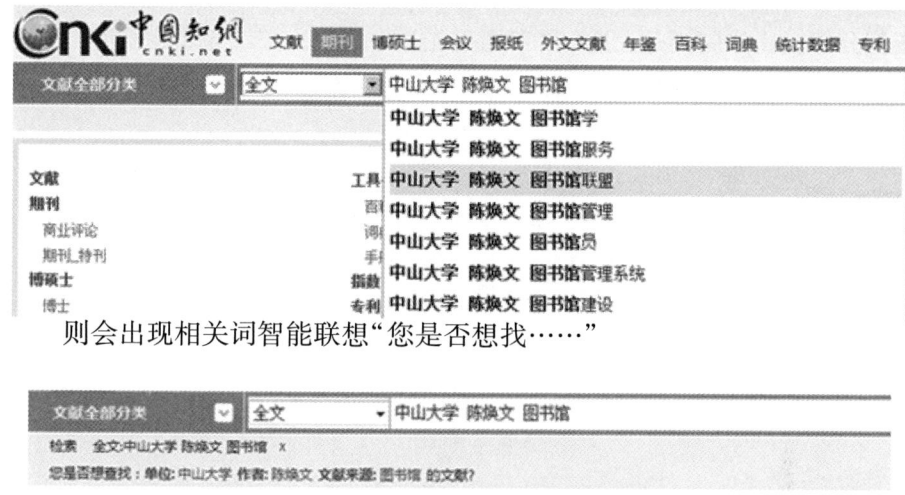

则会出现相关词智能联想"您是否想找……"

图 4.45 中国知网技术特点之智能检索

其检索结果分组可视化清晰:通过可视化直观展示分组结果的趋势、分布、数量、比较同一研究方向内不同内容的趋势、比较不同研究方向的趋势。如通过主题检索途径检索"数字图书馆",检索结果界面如下。

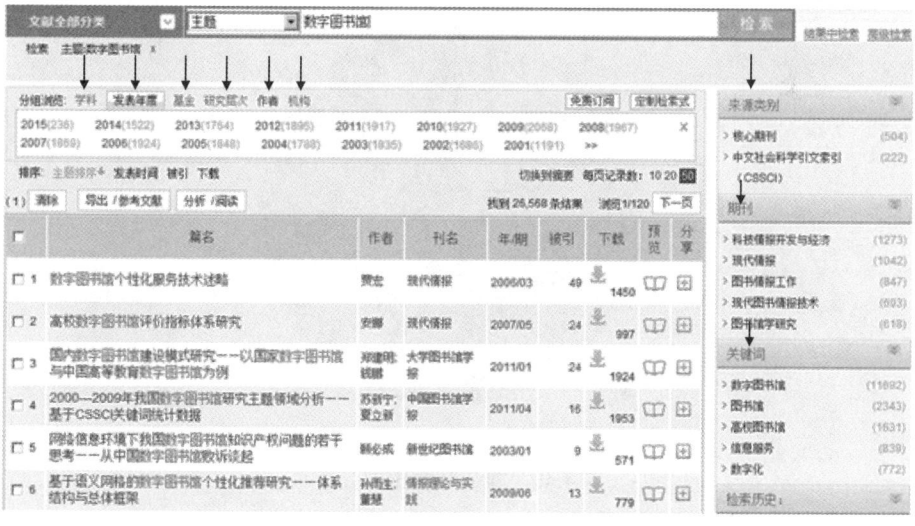

图 4.46 中国知网技术特点之聚类分组统计

作者通过转换成图表的方式,对其检索结果的趋势、分布、数量等进行图例分析。比如同样是上述"数字图书馆"的主题检测结果,根据近 5 年的发文量,可采用线性回归的方式预测当前的发文量。

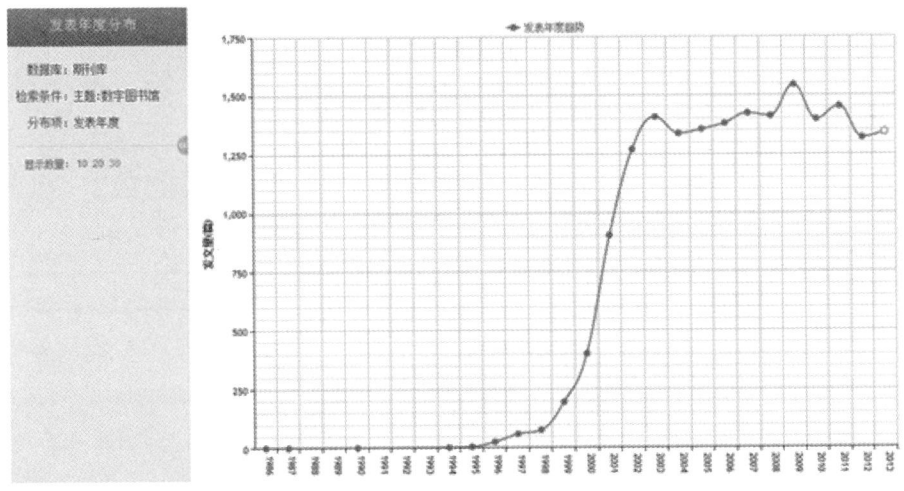

图 4.47　发文量年度分布分析

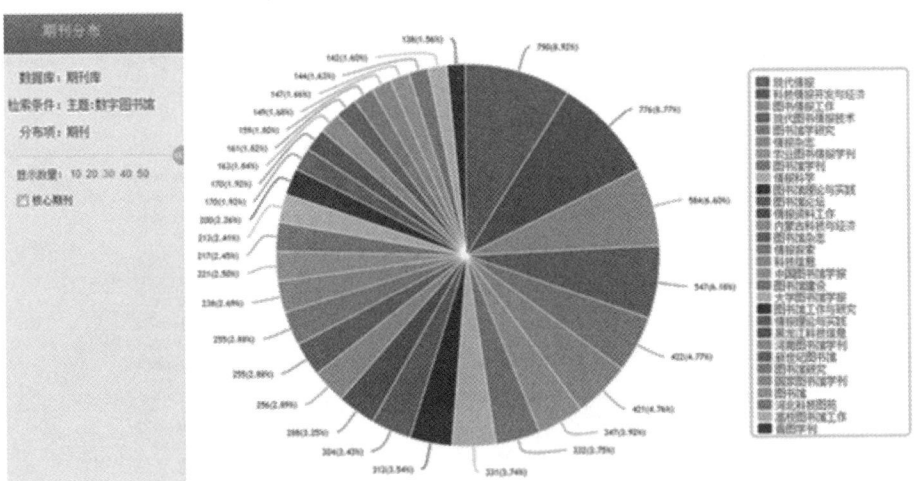

图 4.48　期刊分布比例分析

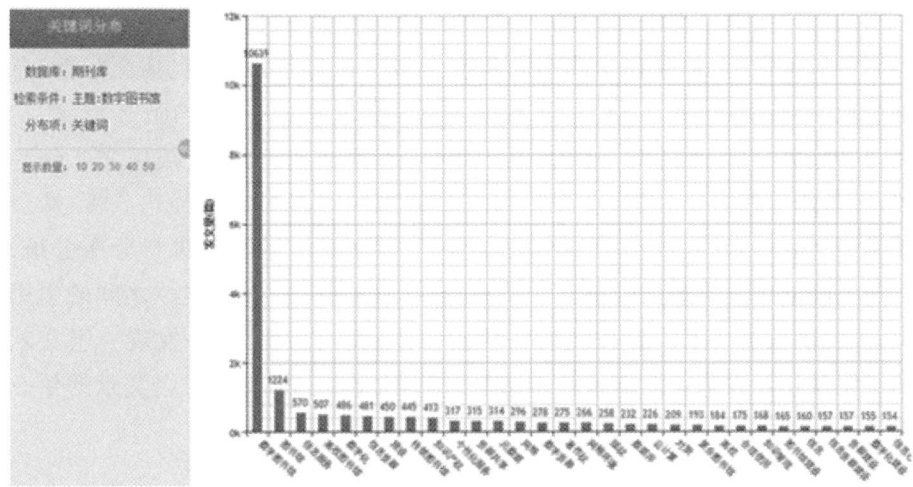

图 4.49 关键词频率统计分析

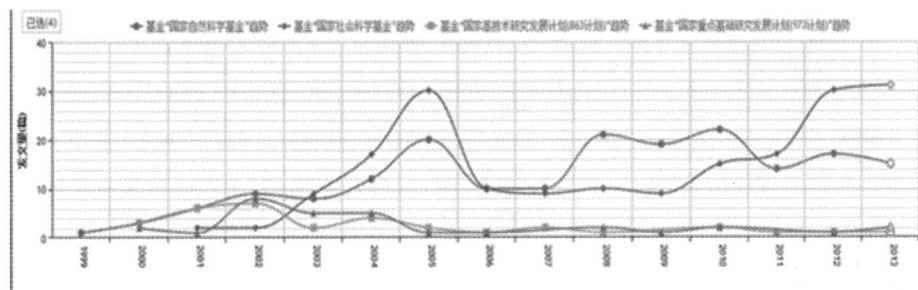

图 4.50 不同基金文献发文趋势统计分析

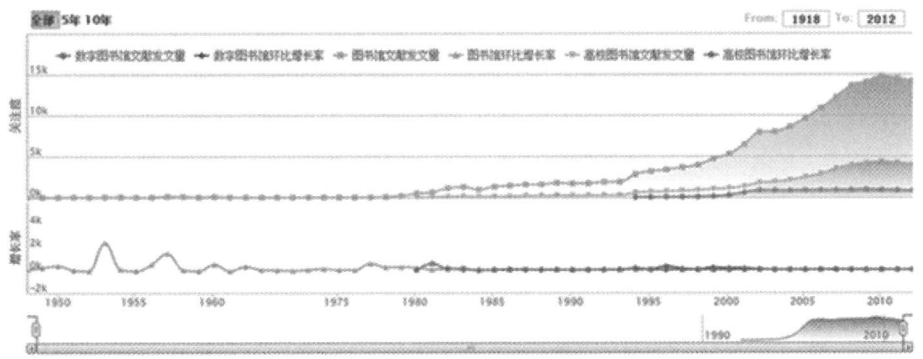

图 4.51 关键词趋势对比统计分析

从上述图例可看出,其分析功能强大且具有如下特点。①指标分析:通过多种科学指标,总量和均值不同角度定量分析评价,指标包括文献数、总参考数、总被引数、总下载数、篇均参考数、篇均被引数、篇均下载数、H 指数。②趋势分析:通过对一组文献年趋势、参考文献年趋势、被引文献年趋势,三条趋势线对比分析,发现一组文献的影响力走势。③分布分析:从资源类型、学科、来源、基金、作者、机构,六个方面对一组文献进行分布分析,发现不同分布下的重点因素。④关系分析:文献互引网络:文献之间的引用关系,发现重点文献。⑤关键词共现网络:关键词共现关系,发现一组文献的主题及相互关系。⑥作者合作网络:作者合作关系,发现一组文献的核心作者。

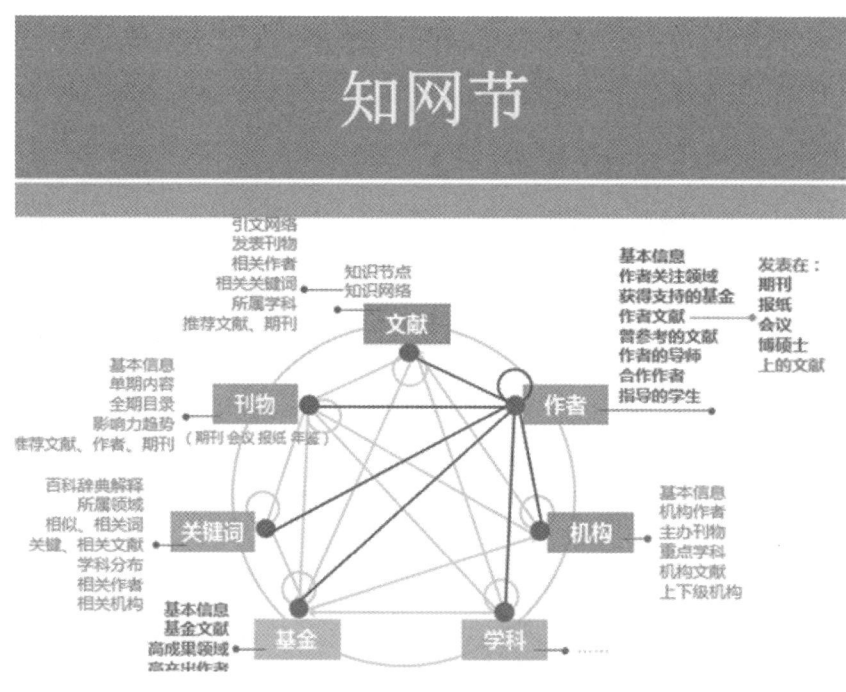

图 4.52　知网节关系图

第二节 维普网检索

一、维普简介

重庆维普资讯有限公司的前身为中国科技情报研究所重庆分所数据库研究中心,是中国第一家进行中文期刊数据库研究的机构。作为中国数据库产业的开拓者,数据库研究中心自主研发并推出了《中文科技期刊篇名数据库》(CB ISTIC/CEPC Periodicals ChinaBase),这不但是中国第一个中文期刊文献数据库,也是中国最大的自建中文文献数据库。它的问世标志着我国中文期刊检索在实现计算机自动化方面达到了一个领先的水平,也结束了我国中文科技期刊检索难的历史。1995年,在数据库研究中心基础上成立了重庆维普资讯有限公司,进行数据库等产品的运营。在《中文科技期刊篇名数据库》的基础上,重庆维普资讯有限公司又研发了《中文科技期刊数据库》《中国科技经济新闻数据库》《中文科技期刊数据库(引文版)》《外文科技期刊数据库》《中国科学指标数据库》、中文科技期刊评价报告、中国基础教育信息服务平台、维普-google学术搜索平台、维普考试资源系统、图书馆学科服务平台、文献共享服务平台、维普期刊资源整合服务平台、维普机构知识服务管理系统、文献共享平台、维普论文检测系统等系列产品。

经过多年研发运营,维普资讯网(目前叫维普网)已经成为全球著名的中文专业信息服务网站,以及中国最大的综合性文献服务网站,同时也是中国主要的中文科技期刊论文搜索平台,也是国内主要提供机构信息检测咨询服务提供单位的平台。

本书选择性介绍维普网中文科技期刊数据库、维普考试服务平台、中国基础教育信息服务平台、维普资讯论文检测系统、维普智立方知识发现系统。

(1)中文科技期刊数据库

重庆维普资讯有限公司的《中文科技期刊数据库》是中国第一个中文科技期刊全文数据库,也是国家新闻出版总署正式批准出版发行的中文期刊数据库,是维普期刊资源整合服务平台的重要组成部分,是我国数字图书馆建设的核心资源之一,高校图书馆文献保障系统的重要组成部分,也是科研工作者进行科技查证和科技查新的必备数据库。截至2017年7月,期刊总数14000余种(其中核心期刊1982种),文献总量达6000余万篇,引文8000余万条,分三个版本(全文版、文摘版、引文版)和8个专辑(社会科学、自然科学、工程技术、农业科学、医药卫生、经济管理、教育科学、图书情报)定期出版发行。中心网站日更新,全文质量采用国际通用的高清晰PDF全文数据格式,技术标准采用自主开发的海量文献搜索引擎技术,提供B/S方式的WEB数据库服务,同时支持OPENURL等国际标准协议,为客户单位提供异构数据库的开放链接增值服务。《中文科技期刊数据库》是目前国内最重要的学术、科研、人力资源评价数据。

(2)维普考试服务平台

《维普考试服务平台》,是维普资讯专门研发的集考前练习、模拟测试、课程学习、在线考试等功能于一体的大型教育资源数据平台。系统采用开放、动态的架构,将传统的考试练习和课程学习模式与先进的网络应用相结合,使学生可完全根据自己的个性化需要来进行具有针对性的模拟考试测试练习和专业课程学习练习。

《维普考试服务平台》以最新最全的考试资源和课程学习内容引领学生熟悉考试模式、巩固课程知识要点、完成学习任务,是无纸化考试学习的新体验。VERS强大的考试题库资源涵盖了英语、计算机、公务员、司法、经济、考研、工程、职业资格、医学等领域,考试题库资源的时间跨度包含2003年以来各类考试的全真试卷和模拟试卷。具有强大的自主学习、模拟考试功能一站式题库集中服务,系统包含在线答题,在线评分,课程复习,知识点练习,提供参考答案和权威解析等内容,帮助学生第一时间进行考试回顾和学习复习,达到即用即知即学即会的效果,全面提高学习成绩。

(3)中国基础教育信息服务平台

《中国基础教育信息服务平台CEIS》该平台有针对性地为基础教育工作者和中小学生提供资源与服务。该产品以满足中小学基础教育的各方面需求为目的,教师、学生、校长(学校管理者)乃至于学生家长,都能从中获取最新最全的中小学教育所必需的各种相关知识。CEIS收录国内2400余种基础教育类相关期刊全文,目前是国内收录最多的、且保障持续更新的教育类电子期刊全文数据库。学科范围:教育科学、学校管理、德育教育、教学参考、课程辅导、教师进修、课外阅读、文化艺术和知识天地。

九大分类:

表4.5 中国基础教育信息服务平台学科分类

教育科学	教育研究,教育管理,教育心理学,地方教育,国外教育,幼教/职教/高教,家庭教育
学校管理	校长参考,教师发展,党团少工,卫生/财务/行政,教育技术与装备,图书馆
德育教育	新闻时政,思想政治教育,青少年研究,心理健康
教学参考	教学研究,考试招生,语文,数学,外语,物理/化学/生物,历史/地理/政治,其他学科教学
课程辅导	试题试卷,考试备考,学科综合,语文,阅读写作,数学,外语,物理/化学/生物,历史/地理/政治
教师进修	师范学报,汉语文学,数学,外语,物理,化学,生物,历史,地理,政治,艺术,体育,信息技术,通用技术综合,自然科学综合,社会科学综合
课外阅读	小学生阅读,中学生阅读,阅读综合
文化艺术	文艺作品,影视戏剧,音乐/舞蹈,摄影/美术/书法,中国文化,艺术,文艺综合
知识天地	信息技术,科学普及,军事,经济管理,法制社会,历史地理,体育健康

(4)维普资讯论文检测系统

维普论文检测系统(VPCS),采用国际领先的海量论文动态语义跨域识别加指纹比对技术,通过运用最新的云检测服务部署使其能够快捷、稳定、准确地检测到文章中存在的抄袭和不当引用现象,实现了对学术不端行为的检测服务。

维普论文检测系统主要包括已发表文献检测、论文检测、自建比对库管理等功能,可快速准确地检测出论文中不当引用、过度引用甚至是抄袭、伪造、篡改等学术不端行为,可自动生成检测报告,并支持PDF、网页等浏览格式。详细的检测报告通过标红相似文档、饼状图,形象直观地显示相似内容比对、相似文献汇总、引用片段出处、总相似比、引用率、复写率和自写率等重要指标,为教育机构、科研单位、各级论文评审单位和发表单位提供了论文原创性和新颖性评价的重要依据。经过不断发展和努力,已经在众多行业和部门得到了广泛使用,受到了用户的高度评价。

(5)维普智立方知识发现系统

维普智立方知识发现系统是一个知识资源的大数据整合及服务平台。它聚集了中外文期刊、学位论文、会议论文、专利、专著、标准、科技成果、产品样本、科技报告、政策法规等多种文献类型,提供一站式检索和全文保障服务,提供分面聚类、相关排序等多种检索结果寻优途径,为高校图书馆、科研单位和个人用户提供基于云平台架构的知识发现一体化解决方案。整合了中外文期刊、学位论文、会议论文、专利、专著、标准、科技成果、产品样本、科技报告、政策法规等多种文献类型,并且提供一站式检索和全文保障服务,提供分面聚类、相关排序等多种检索结果寻优途径。通过对文献中涉及的各类知识对象(领域、主题、学者、机构、传媒、资助等)做唯一标识、粒度分析、关联呈现,得以实现从情报分析视角对隐含知识关联做深入挖掘,同时支撑客户的研究方向分析、竞争情报动态连续追踪等服务。智立方知识发现系统基于海量元数据资源,通过对数百亿数据关系的挖掘,智立方解析出多个维度的文献资源知识对象——领域、主题、学者、机构、传媒、资助等,其中挖掘整理了近千万人物、20万机构、200万主题和数万个资助及传媒,同时呈现10亿数据关系可以方便用户通过平台得以直观使用。

二、维普网检索介绍

维普公司数据库与服务平台产品类型较多,本节仅以维普期刊资源整合服务平台中的期刊文献、维普考试服务平台、维普资讯论文检测系统、维普智立方知识发现系统示范进行检索方法介绍。

(1)维普期刊资源整合服务平台期刊文献检索(lib.cqvip.com)

①基本检索

【检索方式】

登录《维普期刊资源整合服务平台》,登录系统后,默认在"期刊文献检索"功能模块的"基本检索"下使用。

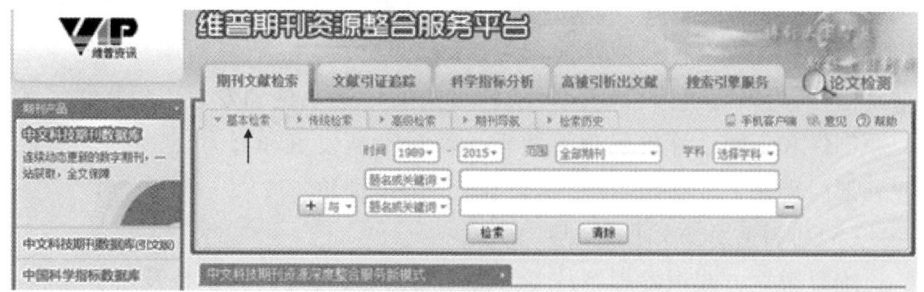

图4.53　维普期刊资源整合服务平台界面

第四章　数字资源库检索

【检索说明】

图 4.54　维普期刊"基本检索"界面

基本检索:是期刊文献检索功能模块默认的检索方式,检索方便快捷。

时间范围限定:使用下拉菜单的选择,图例的时间范围是 1989—2013。

期刊范围限定:可选全部期刊、核心期刊、EI 来源期刊、SCI 来源期刊、CA 来源期刊、CSCD 来源期刊、CSSCI 来源期刊。

学科范围限定:包括管理学、经济学、图书情报学等 45 个学科,勾选复选框可进行多个学科的限定。

选择检索入口:题名或关键词、题名、关键词、文摘、作者、第一作者、机构、刊名、分类号、参考文献、作者简介、基金资助、栏目信息、任意字段等 14 个检索入口,可任意输入检索条件。

逻辑组配:检索框默认为两行,点"+、-"可增加或减少检索框,进行不同检索入口"与、或、非"的逻辑组配检索。

检索:点击检索按钮进行检索进入检索结果页,或点击清除按钮重新输入检索词。查看检索结果题录信息,反复修正检索策略进行检索从而获取最佳检索结果;或者切换到传统检索、高级检索、期刊导航等方式获得其他检索内容。

传统检索:《中文科技期刊数据库》老用户查新检索风格,可在同一页面进行文献题录文摘浏览及下载或全文下载操作。

【检索结果操作】

根据题录信息判断文献相关性,同时可筛选导出文献题录,也可点击题名进入文献细览页查看详细信息和知识节点链接服务;在检索结果页或文献细览页可通过点击"下载全文"或者"文献传递"链接获取全文。

②高级检索

【检索说明】

提供向导式检索和直接输入检索式检索两种方式,方便用户灵活运用逻辑组配方式,同时输入多个检索条件一次获取检索结果。

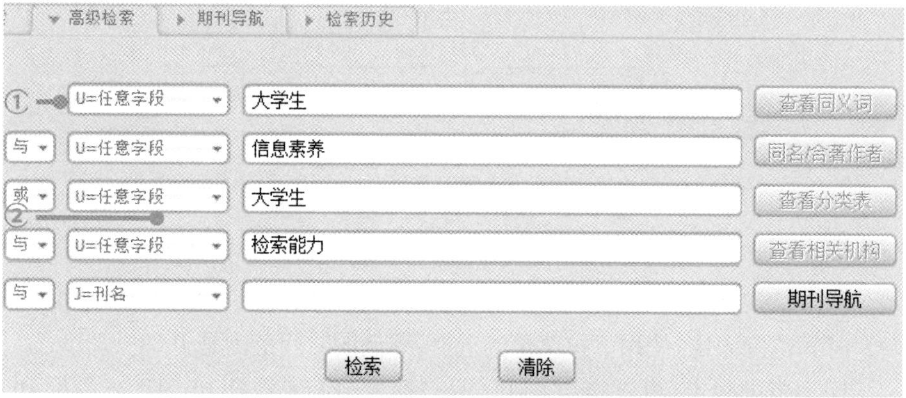

图 4.55　维普期刊"高级检索"示例 1

向导式检索的操作严格按照由上到下的顺序进行,用户在检索时可根据检索需求进行检索字段的选择。

上图中显示的检索条件得到的检索结果为:((U=大学生 * U=信息素养)+ U=大学生)* U=检索能力,而不是(U=大学生 * U=信息素养)+(U=大学生 * U=检索能力)。如果要实现(U=大学生 * U=信息素养)+(U=大学生 * U=检索能力)的检索,可做如下图的输入。

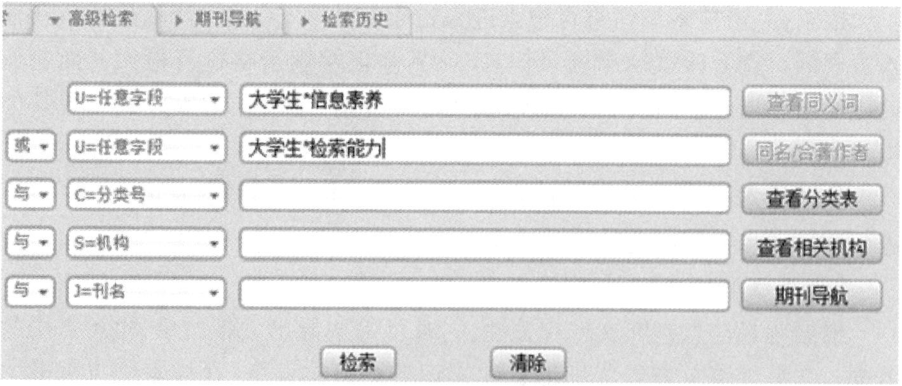

图 4.56　维普期刊"高级检索"示例 2

要实现(U=大学生*U=信息素养)+(U=大学生*U=检索能力)的检索,也可用下图中的输入方式,所描述的检索表达式为:(U=信息素养+U=检索能力)*U=大学生。

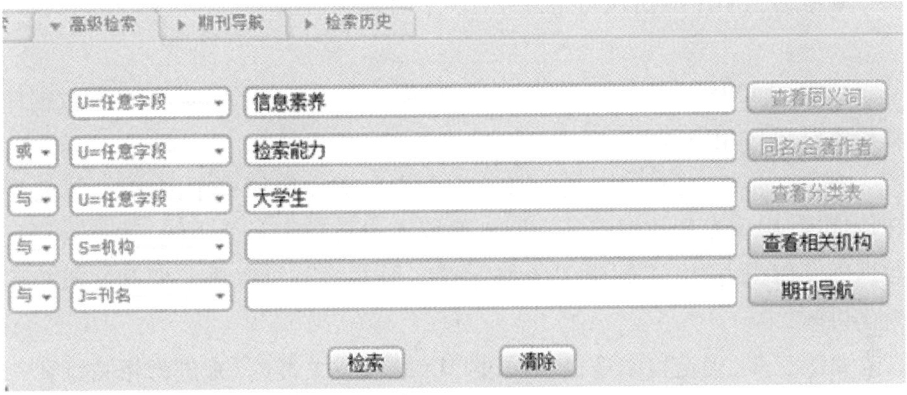

图4.57 维普期刊"高级检索"示例3

【检索实例】

课题研究:含膦硫脲类手性有机催化剂在Baylis-Hillman反应中的应用研究。[1]

● 第一步。分析检索目的。这是一个化学专业相关课题,在检索词的选择上要注意同义词、近义词、不同拼写方式等。

核心检索词:膦、硫脲、Baylis-Hillman。

其他检索词:有机催化剂、手性催化剂、B-H、对映选择性、不对称。

在研究课题的初期,主要检索应该用本课题的核心词做适当的组配构造检索式进行查找。在本课题中,最核心最具显著特征的词是"Baylis-Hillman",对于这个英文词组,如果不去掉该词组中间的"-"进行检索,估计会造成极大的漏检而严重影响查全率。因此要把该词处理为"Baylis Hillman"来进行检索以防漏检。而对于列出的其他检索词,可根据检索结果的多少来进行限制检索。而对于课题中的"应用、研究"之类过于宽泛的词不应设置为检索词。

我们来看一下该课题的各组检索策略:

---

[1] 吉永明,孙济庆.文献检索与知识发现指南[M].北京:电子工业出版社,2010:281—285.

●膦 AND 硫脲 AND(Baylis Hillman+B H+不对称+对映选择)

●膦 AND 硫脲

●膦 AND(Baylis Hillman+B H+不对称+对映选择)

●硫脲 AND(Baylis Hillman+B H+不对称+对映选择)

……

这里,"AND"表示逻辑"与","+"表示逻辑"或"。检索时可根据数据库和检索结果作相应调整。

●第二步:选择检索工具。必检的中文数据库应该有中国知网、维普期刊数据库、中国专利数据库等。外文数据库应有美国化学文摘、欧洲专利局数据库、SCI 数据库、工程索引数据库等。但在本节只以维普期刊文献检索为例讲解。

●第三步:确定检索途径。通过"M=题名或关键词"来进行相关检索。

●第四步:确定检索方法。因课题有多个概念的交叉匹配,选择"高级检索"进行组合检索。

【检索结果】

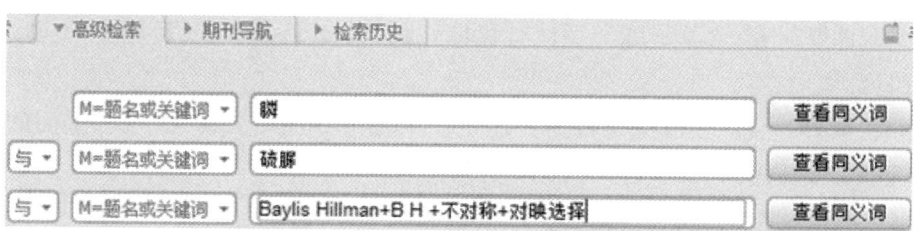

图 4.58 "膦 AND 硫脲 AND(Baylis Hillman+B H 反应+不对称+对映选择)"组配检索

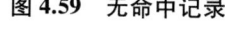

图 4.59 无命中记录

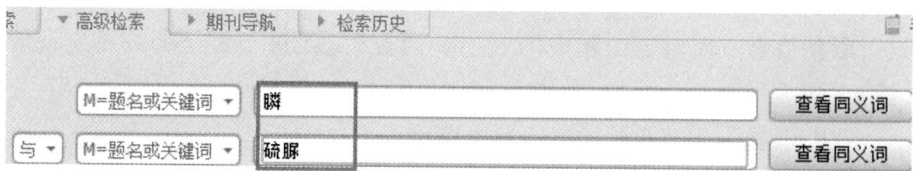

图 4.60 "膦 AND 硫脲"组合检索

第四章 数字资源库检索

您的检索式：2篇； 题名或关键词=膦 并且 题名或关键词=硫脲
全选 清除 导出 已选 0 条　　　　　　　　　　　　　　　　　　　　按时间筛选 全部

□ 1　题名：双膦酸盐药物与一氧化氮合酶抑制剂治疗骨质疏松大鼠的实验研究
　　　在线阅读　下载全文　手机支付
　　　作者：王斌[1] 向川[2]
　　　出处：《中国药物与临床》 CAS 2013年第6期
　　　摘要：目的实验研究阿仑膦酸钠（ALN）与S-甲基异硫脲（SMT）治疗骨质疏松大鼠的效果。方法将50只雌性SD大鼠（6月龄）分为5组，每组10只，分别为假手术组（Sham组）、卵巢切除术后（OVX）的OV…

□ 2　题名：Crystal Structure of N—(O—Ethylphenylthionophos—phonyl) N'—(O—p—iodine　下载全文　手机支付
　　　作者：张欣[1] 刘小兰[2]
　　　出处：《结构化学》 1997年第1期

图 4.61　命中 2 条记录

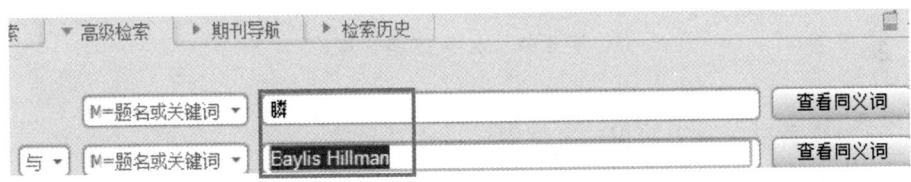

图 4.62　"膦 AND Baylis Hillman"组合检索

您的检索式：2篇； 题名或关键词=膦 并且 题名或关键词=Baylis Hillman
全选 清除 导出 已选 0 条　　　　　　　　　　　　　　　　　　　　按时间筛选 全部

□ 1　题名：手性膦分子催化的从Baylis—Hillman反应产物和2-三甲基硅醚呋喃对映选择性构建多官能化γ-丁烯内酯衍生物　在线阅读　下载全文　手机支付
　　　出处：《有机化学》 SCIE CAS CSCD 2008年第8期
　　　摘要：γ-丁烯内酯结构在许多生物活性化合物中存在，所以合成具有光学活性并兼具γ-丁烯内酯结构的化合物对于有机合成学家而言仍是一个具有挑战性的课题。2004年，Krische小组报道了Mofita—…

□ 2　题名：膦催化的Baylis-Hillman反应　在线阅读　下载全文　手机支付
　　　作者：崔朋蕾 王春 果秀敏 刘海燕 冯涛
　　　出处：《有机化学》 SCIE CAS CSCD 2008年第2期
　　　摘要：Baylis—Hillman反应是一类非常有应用前景的有机合成反应，常用的催化剂包括胺类、有机膦等。与胺类催化剂相比，有机膦亲核性更强，从该反应的反应机理来看有机膦是该反应更有效的催化…

图 4.63　命中 2 条记录

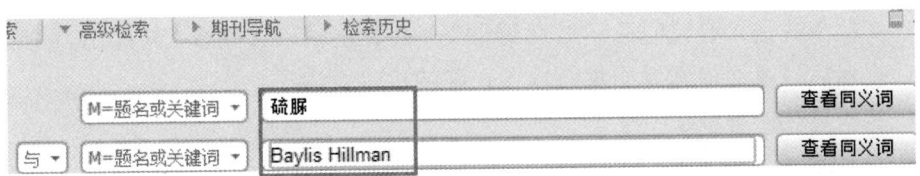

图 4.64　"硫脲 AND Baylis Hillman"组合检索

· 133 ·

图 4.65　无命中记录

因为前面的各种检索式命中记录太少,因此需调整检索策略,只以"Baylis Hillman"为检索词进行检索,增加查全率。

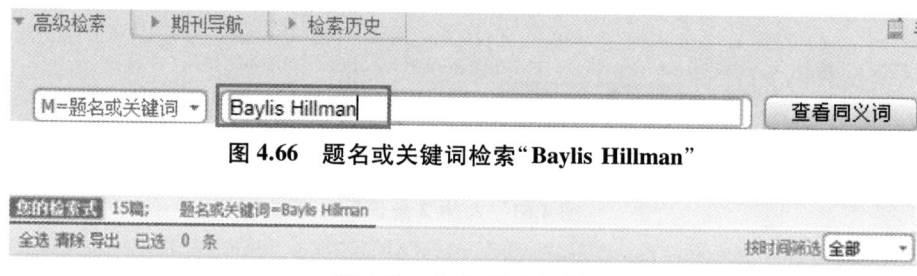

图 4.66　题名或关键词检索"Baylis Hillman"

图 4.67　命中 15 条记录

检索者可在命中的相关文献中进行比对筛选。

③专业检索

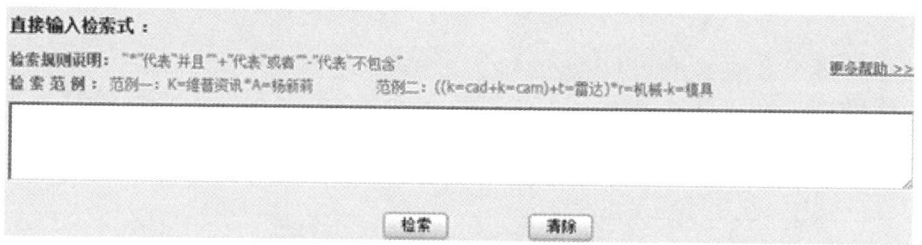

图 4.68　维普期刊"专业检索"界面

"直接输入检索式"可以提供用户方便灵活地运用逻辑组配方式,同时输入多个检索条件一次获取检索结果。

关于检索优先级:无括号时逻辑"与"优先,有括号时先括号内、后括号外。括号"( )"不能作为检索词参与检索。

检索式输入有错时检索后会返回"查询表达式语法错误"的提示,看见此提示后请返回检索界面重新输入正确的检索表达式。

检索范例解释:

(k=(CAD+CAM)+T=雷达)*R=机械-K=模具

此检索式表示查找文献:文摘含有机械,并且关键词含有 CAD 或 CAM、

第四章 数字资源库检索

或者题名含有"雷达",但关键词不包含"模具"的文献。

此检索式也可以写为:

(K=(CAD+CAM)*R=机械)+(T=雷达*R=机械)-K=模具

④期刊导航

【检索说明】

分直接查找期刊和提供多种浏览途径两种方式。

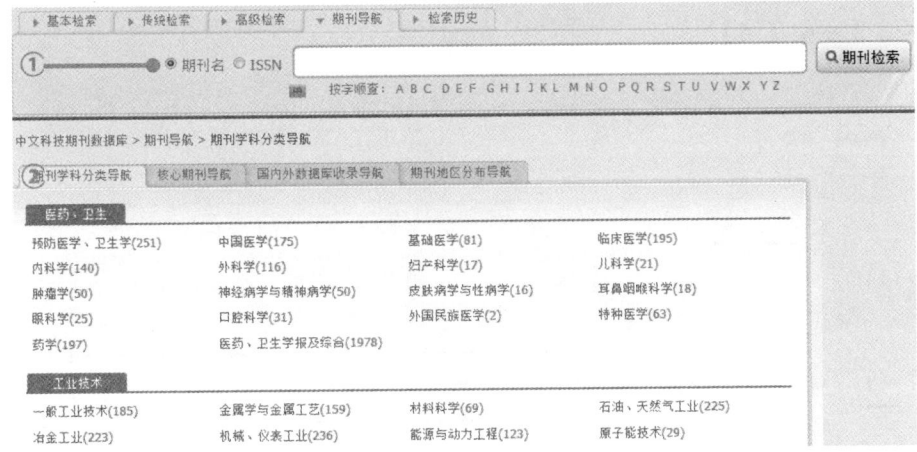

图 4.69　维普期刊"导航检索"界面

直接查找期刊:提供刊名和 ISSN 号检索途径,用户找到某一期刊后,可以按发表期次查看该刊收录的所有文章,同时可实现刊内文献检索、题录文摘或全文的下载功能,另外通过链接还可查看该刊的《中文科技期刊评价报告》(VJCR)。

浏览方式:提供按刊名字顺浏览、期刊学科分类导航、核心期刊导航、国内外数据库收录导航、期刊地区分布导航,其中核心期刊导航分北大 2004 版核心期刊、北大 2008 版核心期刊、北大 2011 版核心期刊、中文社会科学引文索引、中国科学引文数据库、中国科技论文统计源期刊(中国科技核心期刊)、中国人文科学核心期刊要览(2008 年版)7 种遴选方式,同时国内外知名数据库收录情况亦是最新收录信息。

⑤检索历史

提供一种个性化服务功能,系统自动对用户检索历史做保存,点击保存的检索式进行该检索式的重新检索或者"与、或、非"逻辑组配。

信息检索

图 4.70 维普期刊"检索历史"界面

⑥检索结果

【检索说明】

图 4.71 维普期刊检索结果页

针对检索结果的再检索功能。

将选中的文献题录以文本、参考文献、XML、NoteExpress、Refworks、EndNote 等格式导出。

基金资助情况、期刊被国内外知名数据库收录情况。

在线阅读、全文下载、原文传递、开放链接等多途径的全文服务模式。

切换标签,到"文献引证追踪"功能模块下实施检索,获取各种文献类型有关于检索主题的被引情况。

切换标签,在谷歌或百度搜索引擎中检索维普期刊文献,同时获取相关机构提供的其他服务内容信息。

⑦文摘页

【检索说明】

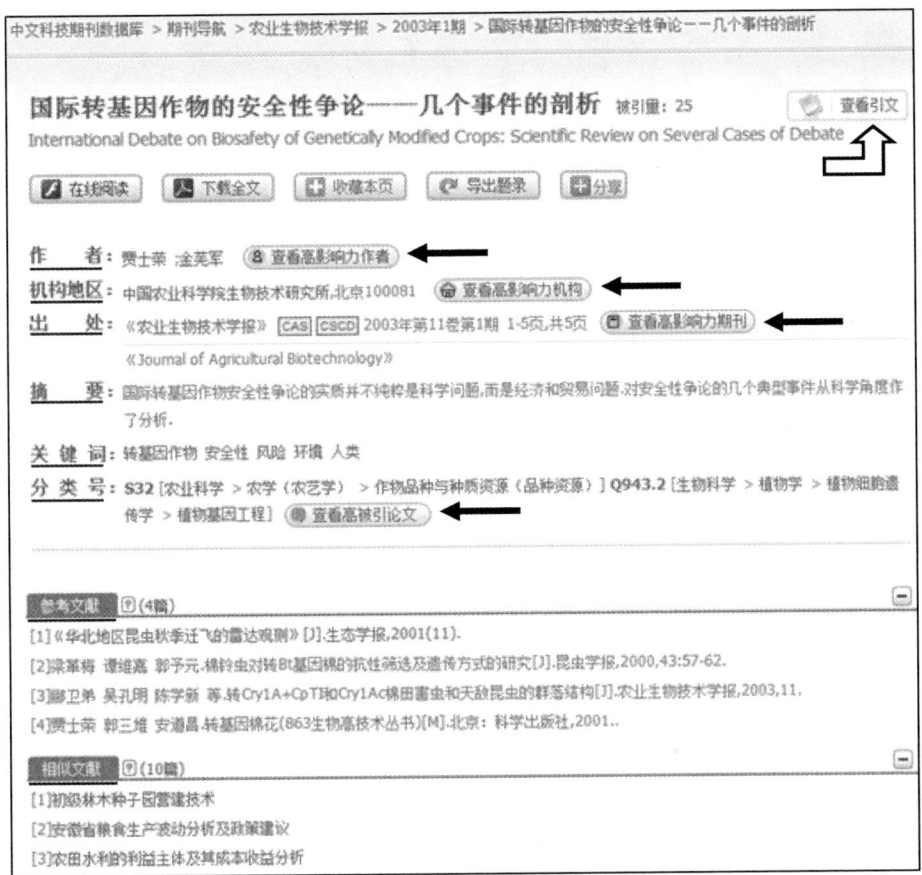

图 4.72 维普期刊检索文摘页

节点链接:通过作者、机构地区、出处、关键词、分类号、参考文献、相似文献提供的链接可检索相关知识点信息。

"科学指标分析"模块链接:链向本篇文章涉及的相关学科下所有"高影响力作者""高影响力机构""高影响力期刊""高被引论文"等学科绩效分析信息。

"文献引证追踪"模块链接:链向本篇文章所涉及的被引追踪分析功能和信息。

(2)维普考试服务平台

【检索方式】

登录《维普考试服务平台》,用户可点击各分类模块了解相关界面信息。

信息检索

图 4.73　维普"考试服务平台"界面

(2.1) 题库资源

维普考试服务平台的题库资源拥有十个大分类数百个细分考试科目，截至 2017 年 8 月收录试卷 16.3 万余套，其中全真试卷 2.4 万余套，总计超过 780 万道试题，在各同类产品中处于领先地位，且按周更新最新的考试试卷。

语言类[14810 套]　　计算机类[11741 套]　　公务员类[9297 套]

法律类[3663 套]　　研究生类[8654 套]　　经济类[12007 套]

工程类[13985 套]　　医学类[13787 套]　　职业资格[4434 套]

综合类[4904 套]

(2.2) 产品架构

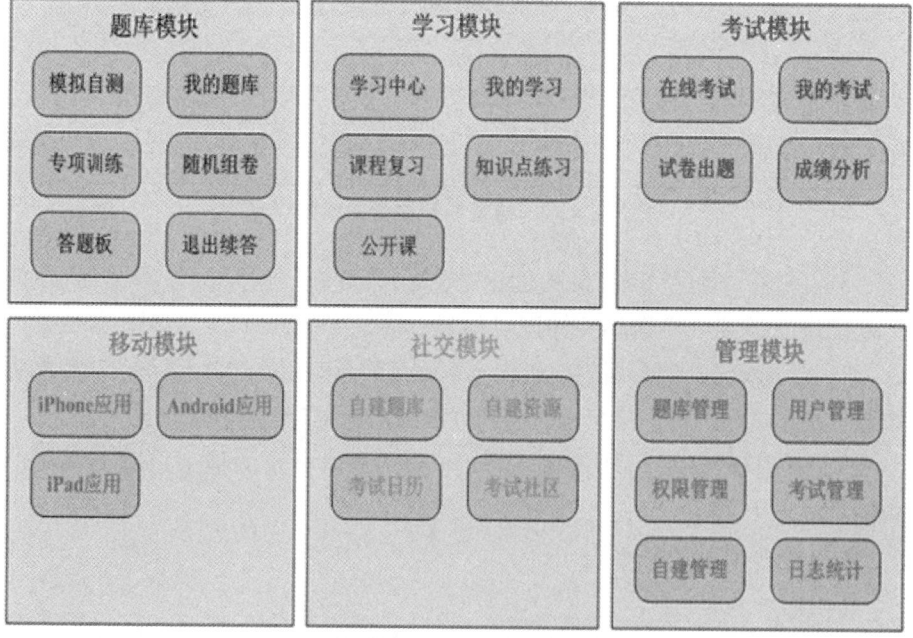

图 4.74　维普"考试服务平台"产品架构图

(2.3) 主要功能

维普考试资源系统是适用于各教育机构、学校图书馆、公共图书馆、情报信息服务机构、企业培训,以及个人的实用性很强的试卷信息库和课程学习平台。其主要功能如下:

模拟自测:在线自我模拟考试,测试结束之后,可以查看每道试题的正确答案和知识点讲解,并可将试卷保存到"我的题库"中,以便日后重新测试和自我总结。

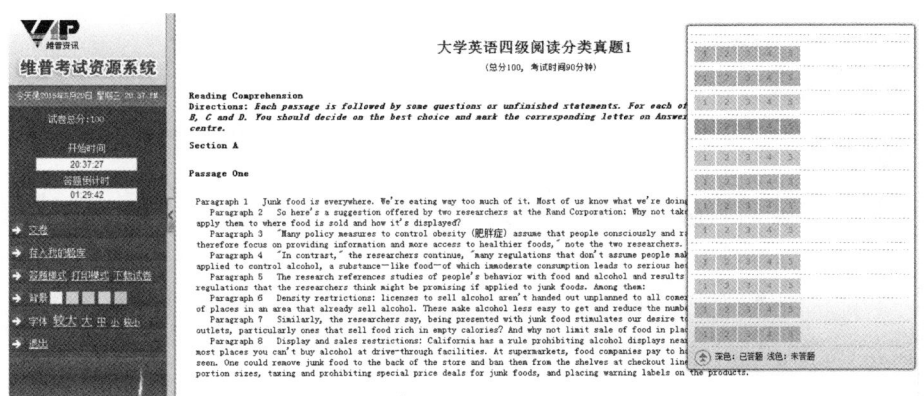

图 4.75 维普"考试服务平台"模拟自测

专项训练:选定某种类型考试的某类题型之后,系统将自动在海量题库中进行随机抽题,生成一张专项练习的试卷供学生进行专项强化练习。

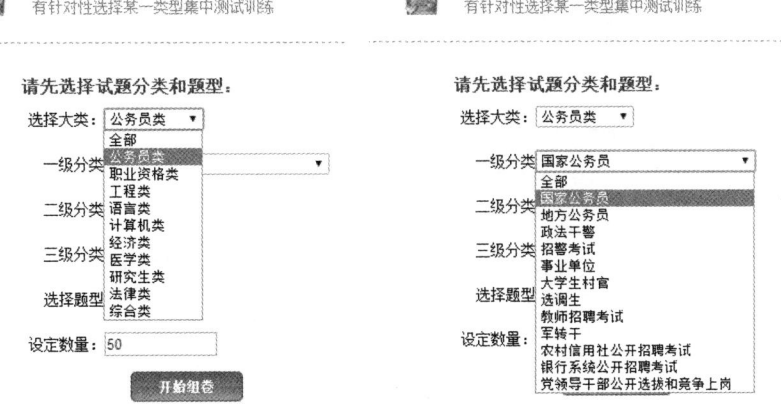

图 4.76 维普"考试服务平台"专项训练示例 1

信息检索

图 4.77　维普"考试服务平台"专项训练示例 2

随机组卷:在特定的题库中随机抽取试题组合成模拟试卷进行自我测试,具有很强的针对性和极高的模拟练习价值。

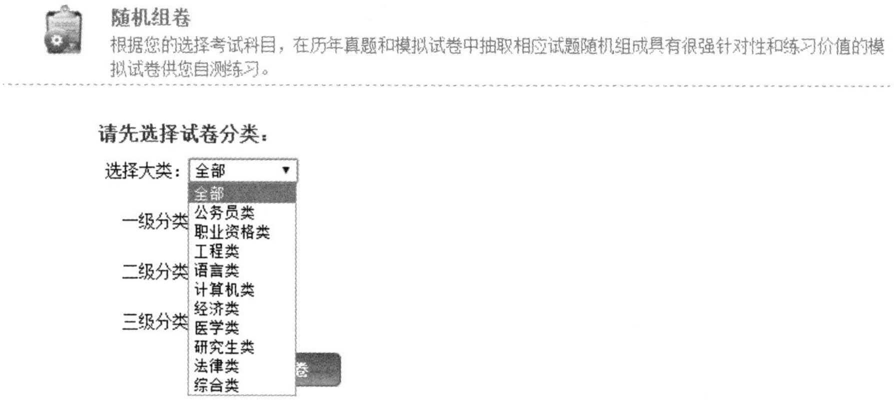

图 4.78　维普"考试服务平台"随机组卷示例 1

随机组卷
根据您的选择考试科目，在历年真题和模拟试卷中抽取相应试题随机组成具有很强针对性和练习价值的模拟试卷供您自测练习。
请先选择试卷分类：
选择大类：公务员类
一级分类 国家公务员
二级分类
三级分类
全部
国家公务员
地方公务员
政法干警
招警考试
事业单位
大学生村官
选调生
教师招聘考试
军转干
农村信用社公开招聘考试
银行系统公开招聘考试
党领导干部公开选拔和竞争上岗

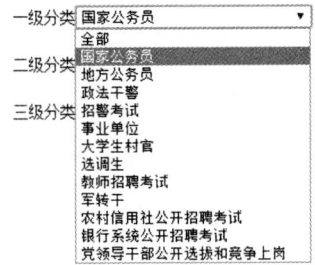

图 4.79　维普“考试服务平台”随机组卷示例 2

随机组卷
根据您的选择考试科目，在历年真题和模拟试卷中抽取相应试题随机组成具有很强针对性和练习价值的模拟试卷供您自测练习。
请先选择试卷分类：
选择大类：公务员类
一级分类 国家公务员
二级分类 申论
三级分类
全部
行政职业能力测试
公共基础知识
申论
面试

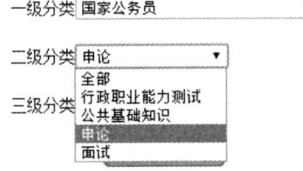

图 4.80　维普“考试服务平台”随机组卷示例 3

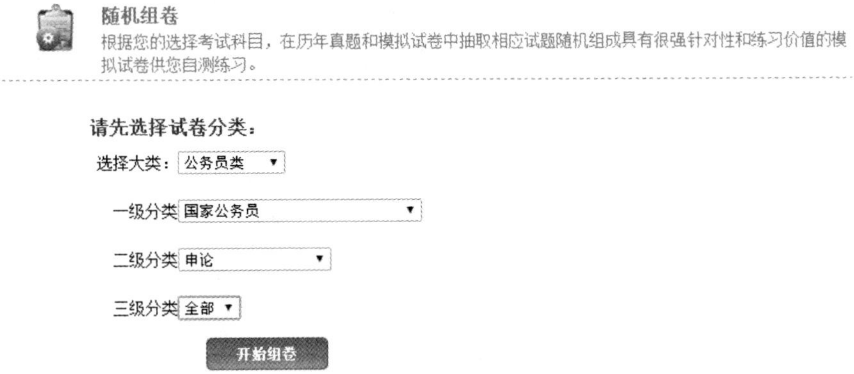

随机组卷
根据您的选择考试科目，在历年真题和模拟试卷中抽取相应试题随机组成具有很强针对性和练习价值的模拟试卷供您自测练习。
请先选择试卷分类：
选择大类：公务员类
一级分类 国家公务员
二级分类 申论
三级分类 全部
开始组卷

图 4.81　维普“考试服务平台”随机组卷示例 4

我的题库：可随时将试卷保存到“我的题库”中，方便在下次登录时继续做答。测试结束后，系统会将本次测试的成绩自动记录在“测试成绩记录”中，“成绩曲线”则可反映历次自测的分数曲线，直观显示学习效果。

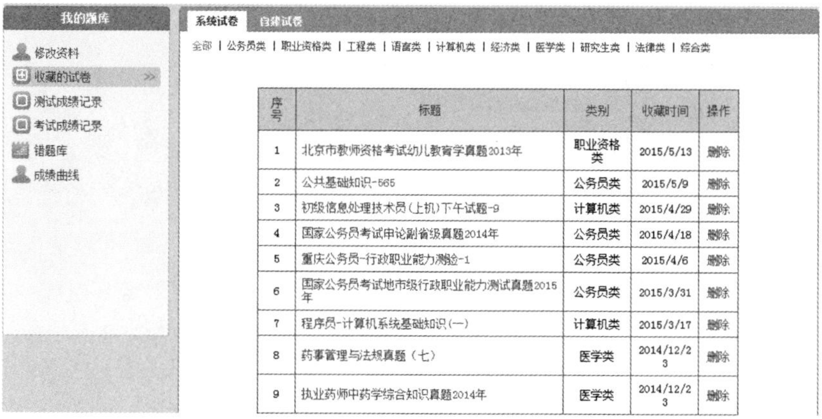

序号	标题	类别	收藏时间	操作
1	北京市教师资格考试幼儿教育学真题2013年	职业资格类	2015/5/13	删除
2	公共基础知识-565	公务员类	2015/5/9	删除
3	初级信息处理技术员（上机）下午试题-9	计算机类	2015/4/29	删除
4	国家公务员考试申论副省级真题2014年	公务员类	2015/4/18	删除
5	重庆公务员-行政职业能力测验-1	公务员类	2015/4/6	删除
6	国家公务员考试地市级行政职业能力测试真题2015年	公务员类	2015/3/31	删除
7	程序员-计算机系统基础知识（一）	计算机类	2015/3/17	删除
8	药事管理与法规真题（七）	医学类	2014/12/23	删除
9	执业药师中药学综合知识真题2014年	医学类	2014/12/23	删除

图 4.82　维普“考试服务平台”我的题库

答题板：答题板功能可以直观了解该试卷有几种题型，题量多少。已答题和未答题标号用不同颜色区分显示，有效防止漏答。

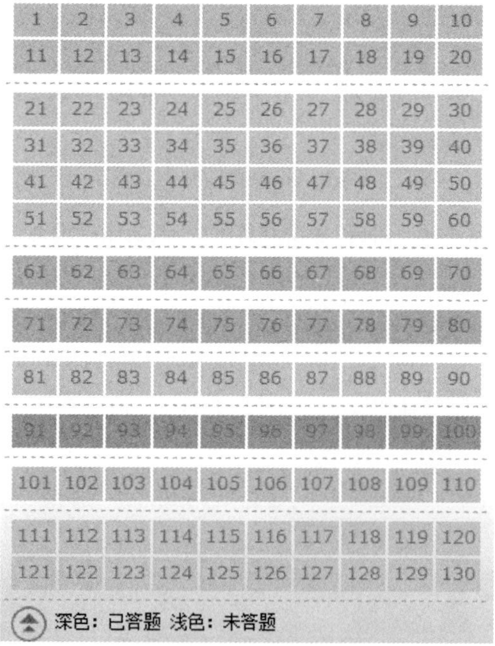

图 4.83　维普“考试服务平台”答题板

退出续答：系统实时动态保存答题进度，如在答卷过程中意外退出，重新进入试卷后会提示是否继续上次未完的答题，确定后即可恢复到退出前的答题状态。

学习中心：学习中心提供了丰富的专业课知识点复习资料和练习试题，学生可以一边复习专业课的知识要点内容，一边进行相关试题的练习，达到高效练习巩固的目的。

我的学习：通过可自定义的课程选择学习模式和进度保存机制，实现课程学习和知识点把握程度的直观可视化呈现，帮助学生更好的了解自己的课程学习情况。

公开课：对应的考试科目和学习课程，对接外部专业网络公开课资源，学生可以在进行考前练习和课程学习的同时，深度参考学习专业网络公开课。

在线考试：在线考试功能深度集成《VOEP 维普在线考试平台》，被授权的学生可以通过计算机网络参加教师组织的各种随堂考试、正式考试或作业考试。教师可通过后台查看每个考生的具体试卷，并可以人工阅卷点评，掌握每个学生的考试情况。

在线考试
欢迎进入"在线考试"，请选择一个考场进入……

在线考场	开始时间	结束时间	当前状态	操作
迎新春	2015/5/18 15:51	2015/5/24 5:11	正在考试中	进入考试

共 1 条记录　当前 1 / 1 页　1

图 4.84　维普"考试服务平台"在线考试

自建题库：自建题库功能可以帮助教师建设特色化的本地试卷数据库，通过规范流程的试卷录入方式，自由搭建试卷分类结构。录入到自建题库的试卷不仅可以提供给学生进行模拟练习，还可以作为考试试卷发布到在线考场进行考试。

图 4.85　维普"考试服务平台"自建题库

自建资源:教师可根据教学任务和计划将部分教学课件、教案、课后作业、课程预习笔记等资料上传到自建资源库,供学生点播下载。

图 4.86　维普"考试服务平台"自建资源

考试应用:提供各类热门考试科目的的手机 APP 应用,包括 Android 版本和 IOS 版本。考生可以将自己关注的考试应用下载安装到移动终端上,方便随时随地的进行复习备考。

图 4.87　维普"考试服务平台"考试应用

考试日历:考试日历功能可以查看到每年各类考试的具体时间,便于考生提前规划时间复习备考。

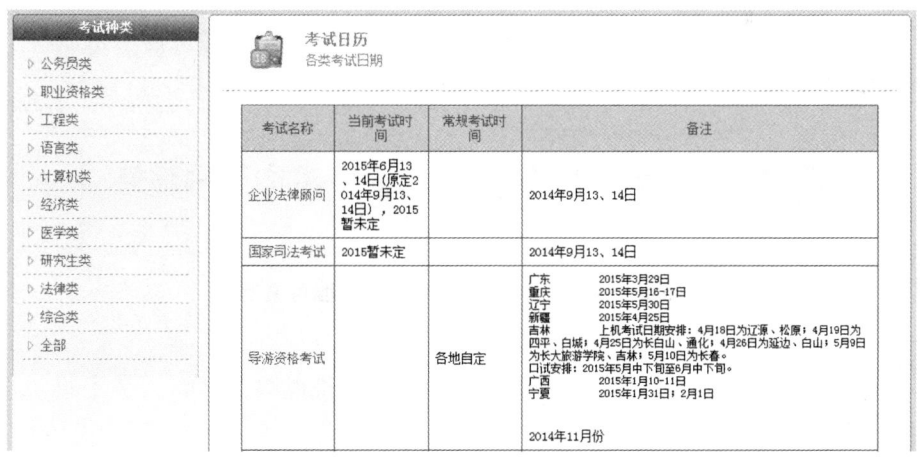

图 4.88　维普"考试服务平台"考试日历

考试社区:考试社区提供面向全国范围用户参与的考试话题交互功能,

让所有的用户都可以基于某个话题(试题、试卷、考试科目)来进行无障碍的交流,组成一个广泛的考试交流互动社交网络。

用户管理:包括管理员管理和普通用户管理;设置、分配管理权限;添加、删除、修改管理员和用户信息;设置具体用户使用本系统的范围(IP 绑定、非绑定)等操作。

系统日志:可以查看每天的访问量、登录人数、试卷排行榜、查看模拟自测的成绩记录等。可以按 IP 段和分类来进行灵活统计,导出统计结果。

(3)维普资讯论文检测

【操作流程】

在维普网首页,点击"论文检测"链接标签。

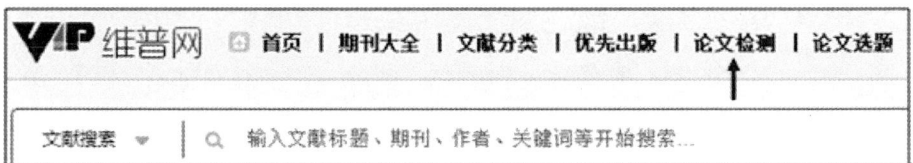

图 4.89　维普"论文检测"链接途径

贵州师范学院图书馆已为全校同学在该系统中注册完毕,只需按照以下流程登录操作即可。进入维普论文检测系统界面,选择"机构用户服务"链接标签。

图 4.90　维普"论文检测"机构用户服务流程 1

进入机构用户服务界面,送检文档在 5 万字符以内,选择"大学生版"链接标签。

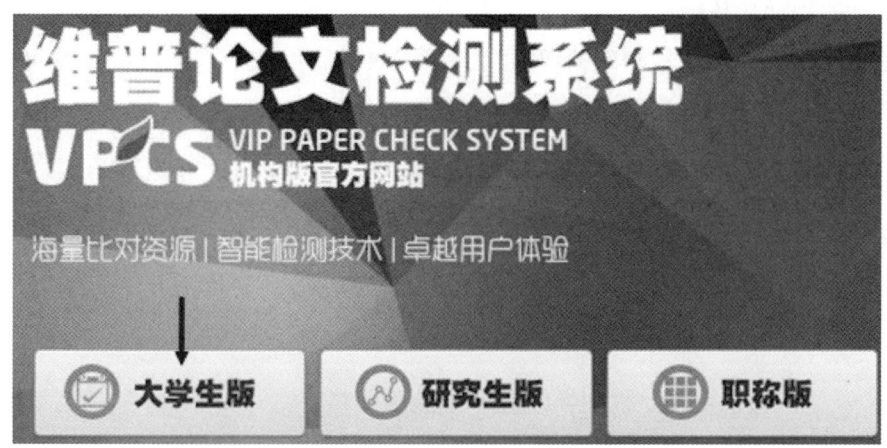

图 4.91 维普"论文检测"机构用户服务流程 2

进入大学生版操作界面,输入账户信息。账户名:gzsfxy+学号(范例:某学生学号为 1504020540045,则他的账户名为 gzsfxy1504020540045),初始密码为 111111。

图 4.92 维普"论文检测"机构用户服务流程 3

账户初始检测次数为0,在确认账户信息无误,且修改密码后,可到贵州师范学院图书馆开通检测次数,开通次数后,同学们可在个人账户下查看可用次数,即可对毕业论文进行检测。

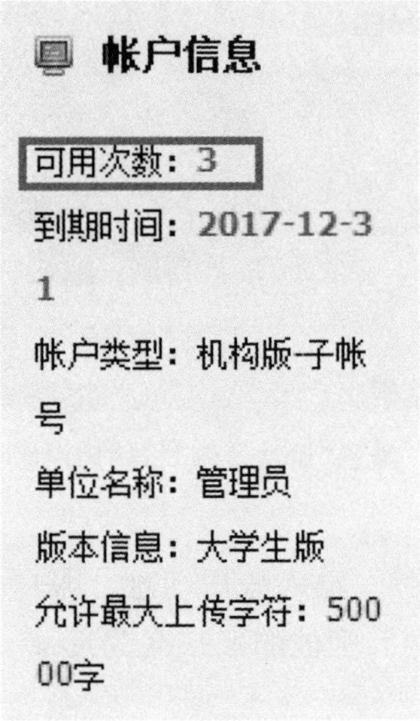

帐户信息

可用次数:3
到期时间:2017-12-31
帐户类型:机构版-子帐号
单位名称:管理员
版本信息:大学生版
允许最大上传字符:50000字

图4.93 维普"论文检测"机构用户服务流程4

检测步骤:

第一步:提交文本,按照系统指示,选择文档,点击"下一步"进行操作。(注意:平台不支持WPS格式,请另存WPS文本为.doc或.docx格式再进行检测,不能直接修改后缀名!)

重要提示:文档名按以下格式命名,有助于提取作者姓名,可去除本人已发表文献。

格式:"作者姓名-论文正标题"或者"作者姓名_论文正标题"

例如:"魏治富-隋唐科举制度的发展"或者"魏治富_隋唐科举制度的发展"。

注意:姓名与论文标题之间的短横线或下划线必须是英文状态下半角符号!

第四章　数字资源库检索

第一步：提交文档

图 4.94　维普"论文检测"机构用户服务流程 5

第二步：查看相关区域，确认"解析状态"必须为"正常"，并核对送检文本信息是否正确，避免错误检测浪费检测次数。确认无误后点击"下一步"。

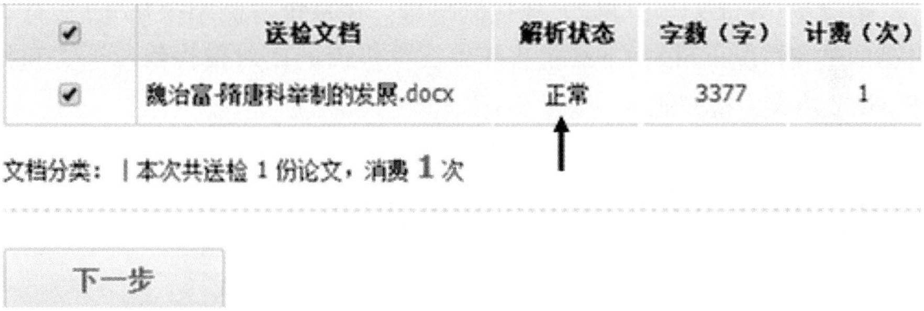

图 4.95　维普"论文检测"机构用户服务流程 6

第三步：进入比对数据库勾选界面，贵州师范学院图书馆已作相关技术处理，默认全部勾选，不能自行进行勾选。直接点击"开始检测"

· 149 ·

请勾选您要进行比对的数据库范围：

✔	比对数据库	
✔	中文期刊论文库	涵盖中国期刊论文网络数据库、中文科技期刊数据库、中文重要学术期刊库、
✔	硕博学位论文库	涵盖中国学位论文数据库、中国硕博论文数据库、中国优秀硕博论文数据库
✔	高校特色论文库	涵盖部分高校共享的论文资源
✔	互联网数据资源	涵盖数十亿互联网数据资源，时时更新
✔	自建特色论文库	涵盖本校、本院系自主拥有的论文资源

文档分类：|本次共送检 1 份论文，消费 1 次

开始检测

图 4.96　维普"论文检测"机构用户服务流程 7

第四步：等待文本检测、下载检测报告。在系统检测结果出来后，查看自己的重复情况，可根据下载报告压缩文件里面的比对报告修改论文和打印 pdf 文档作为检测凭证。

送检文档	检测状态	完成时间	相似率	检测结果	操作
魏治富·隋唐科举制的发展	已完成	2017-07-05 17:42:56	44.41%	未通过	查看报告｜下载报告｜删除报告

图 4.97　维普"论文检测"机构用户服务流程 8

按以上步骤进行操作，检测出具的报告方能显示"贵州师范学院（图书馆）"的单位落款及水印。

第四章 数字资源库检索

魏治富-隋唐科举制的发展

【文本检测详细报告-大学生版】

报告编号：e73dd43ef6b1219e　　检测时间：2017-07-05 17:42:56　　检测字数：3377字

作者名称：魏治富　　所属单位：贵州师范学院（图书馆）

检测范围：
- 中文科技期刊论文全文数据库
- 中文主要报纸全文数据库
- 中国专利特色数据库
- 港澳台文献资源
- IPUB原创作品
- 博士/硕士学位论文全文数据库
- 中国主要会议论文特色数据库
- 维普优先出版论文全文数据库
- 图书资源
- 年鉴资源
- 外文特色文献数据全库
- 高校论文联合比对库
- 互联网数据资源/互联网文档资源
- 古籍文献资源
- 个人比对自建库

时间范围：1989-01-01至2017-07-05

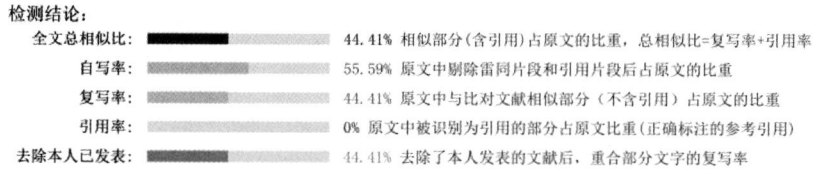

图 4.98　维普"论文检测"PDF 报告

丰富的比对资源：中外期刊数据库——八千万；学术会议论文库——三百万；硕博学位论文库——四百万；自建特色论文库——数千万；互联网数据资源——数十亿。

技术优势：文本与语义共同参与识别——颗粒智能；先整后零的送检片断分割——文本智能；段落与词句先后参与查重——语义智能；参考文献预处理与先比对——权重智能；服务器集群高速共享资源——查询智能。

卓越的用户体验：文本可视化实时比对——界面优先；可疑片断来源更明确——内容优先；以时间顺序标记引文——版权优先；按字词句段综合对比——语义优先；检测结果毫秒级速度——速度优先。

详细的检测报告：PDF、详情标引、网页三种报告——多版本报告；总相似比、引用率、复写率、自写率——多指标提示。

(4)维普智立方知识发现系统

【功能说明】

①资源发现功能

主题词的对象化归纳,使得主题词提示功能可以帮助用户做检索词的有效扩展或修正。提供多种分面聚类功能,且支持组配检索,帮助用户快速检索筛选。提供按相关度、被引量和时效进行排序的寻优规则。其聚类工具可对相关文章进行有效链接,对检索结果进行文献类型、领域、主题、机构、作者等统计解析。

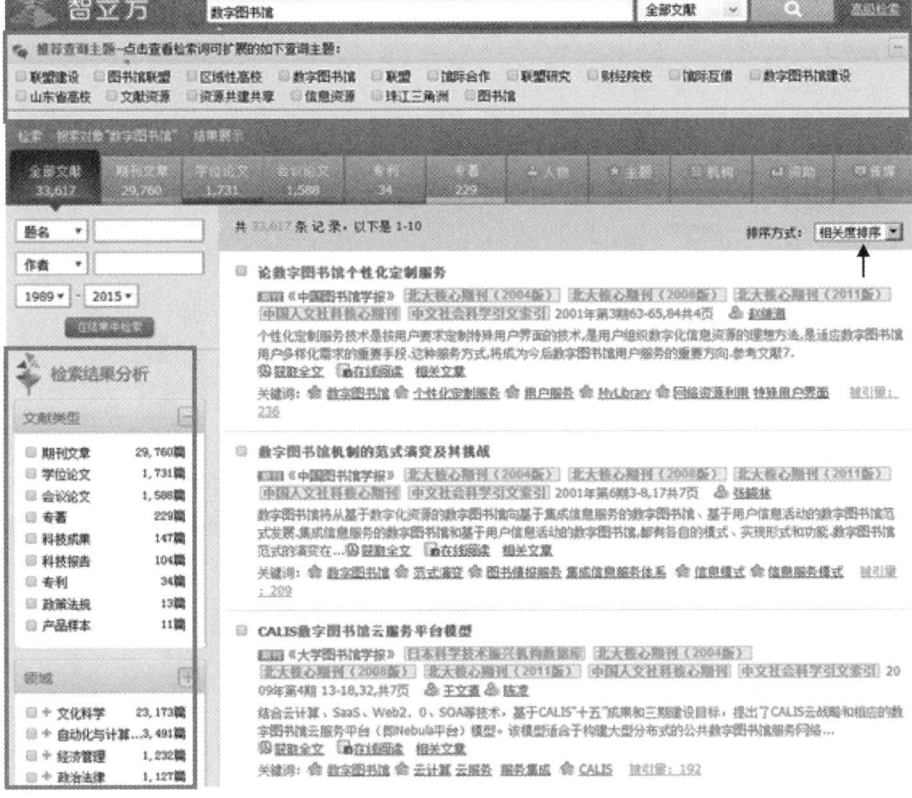

图 4.99　维普智立方"数字图书馆"检索结果

综合链接服务界面详细列出目标文献的相关馆藏信息。

图 4.100 维普智立方命中文献馆藏信息

②知识对象挖掘分析功能

知识对象检索:提供基于全部文献资源解析的人物、机构、主题、资助、传媒等知识对象的检索功能。检索响应还包括知识对象的描述内容字段,提供五种知识对象检索共 10 余项的分面聚类筛选项,用于读者优化知识对象的检索结果。

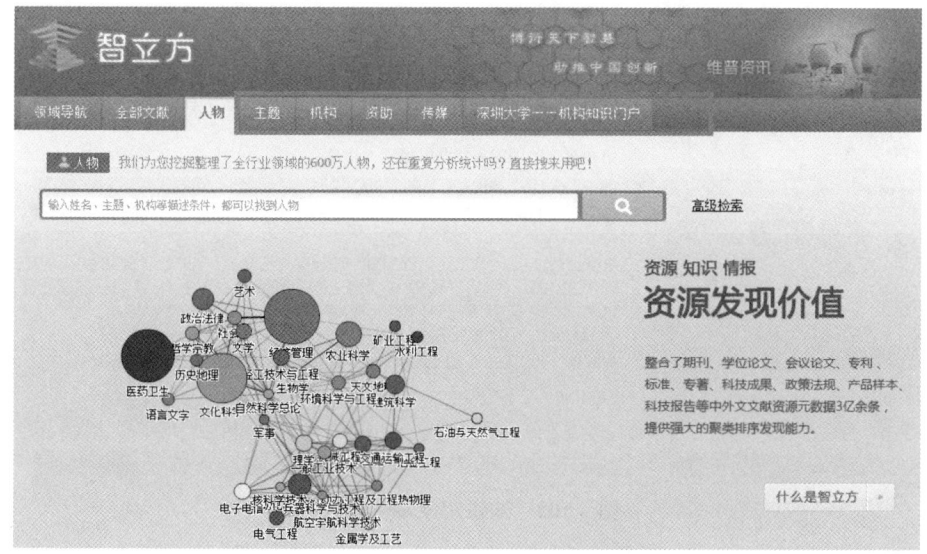

图 4.101 行业领域人物分布图谱

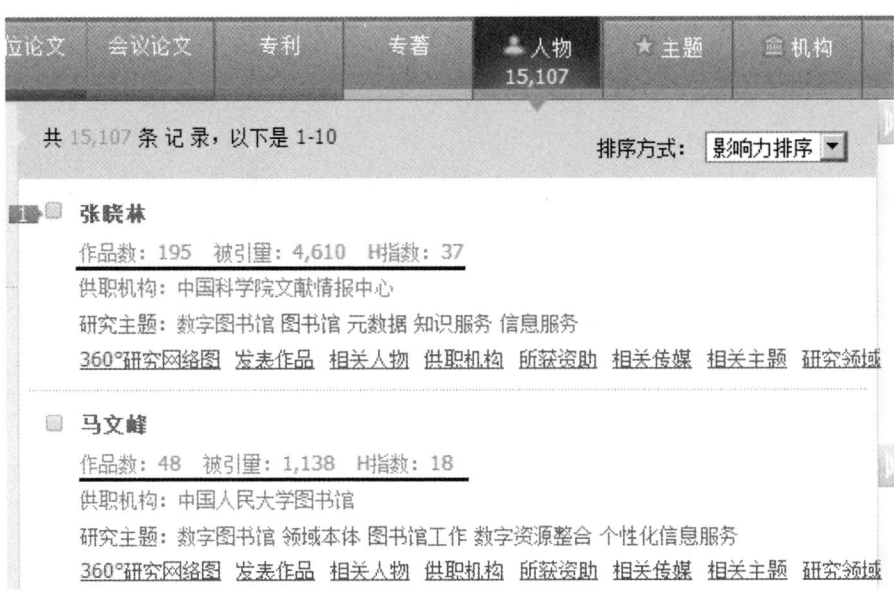

图 4.102　搜索对象人物检索结果

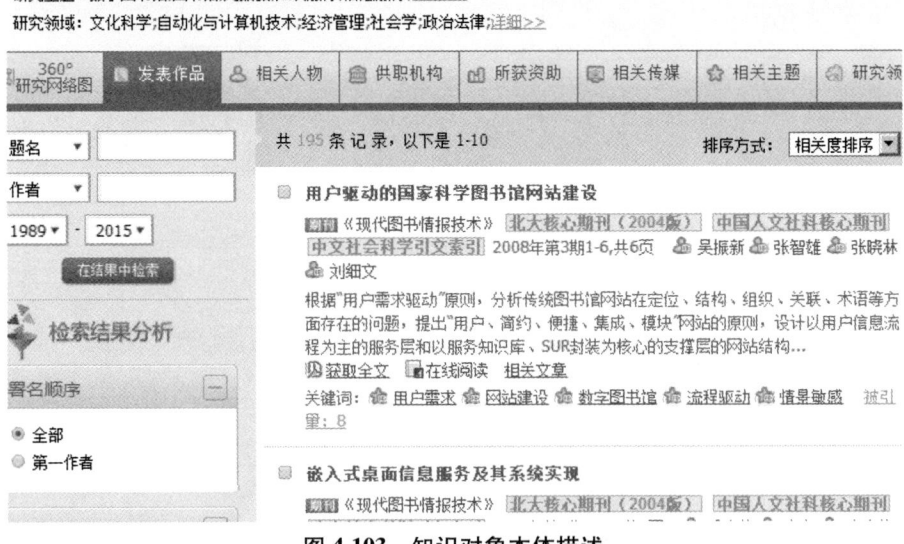

图 4.103　知识对象本体描述

图 4.104　知识对象学术成果产出被引趋势图

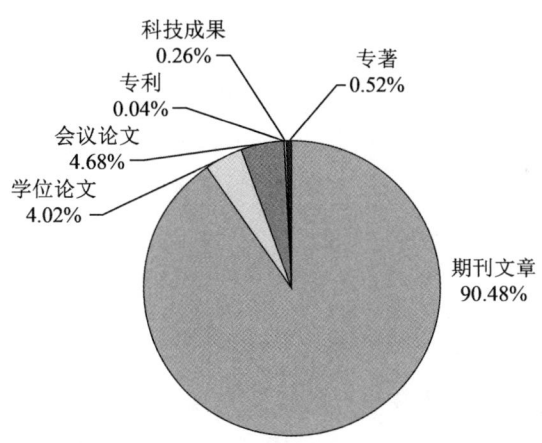

图 4.105　知识对象产出文献类型统计

③知识管理功能

智立方知识发现系统通过对知识对象做唯一标识、深入挖掘、粒度分析,从而建立起蕴藏于各类文献之间、不同知识对象的直接关联,帮助用户快速形成对所需信息的结构性认识。

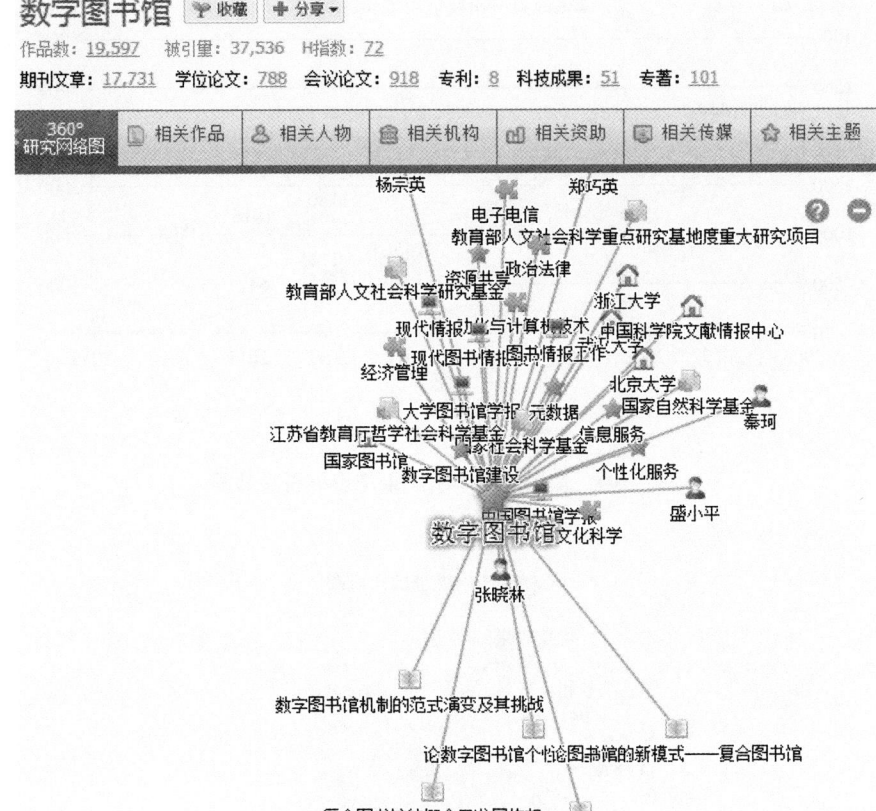

图 4.106　领域主题共现知识图谱

④情报服务功能

智立方发现系统除具备基本的资源发现功能外,更能实现知识内容的情报挖掘和知识管理功能,能够满足读者对信息整理和归纳的更高要求;对数据对象的解析,因为有数据编辑的参与,具准确度和完备性;有科技报告和产品样本两种独有的文献资源;得以实现从情报分析视角对隐含知识关联做深入挖掘,同时支撑客户的研究方向分析、竞争情报动态连续追踪等服务。

5、相关主题统计分析

5.1 主要合作主题统计分析

序号	主题名称	合作发文量	主要研究者
1	图书	19597	王新国 于鸣镝 韩阳 袁红军 秦珂
2	图书馆	19597	于鸣镝 秦珂 袁红军 王新国 刘兹恒
3	数字图	18858	刘燕权 陈臣 马晓亭 秦珂 郑建明
4	图书馆建设	2459	郑建明 尚向平 金春福 崔凤霞 秦珂
5	网络	2335	王汝传 张宏科 孙力娟 李腊元 马建峰
6	数字图书馆建设	2065	郑建明 朱瀛 李玉安 黄丽娟 秦珂
7	信息资源	1829	马海群 邱均平 肖希明 马费成 赖茂生
8	数字化	1264	钟世镇 王建军 张元智 陈春林 生欣
9	信息服务	1263	胡昌平 孙素芬 郭作玉 郝俊勤 王春莉
10	资源建设	950	肖希明 邵波 储正明 袁勤俭 任慧玲

图 4.107 知识对象合作主题统计

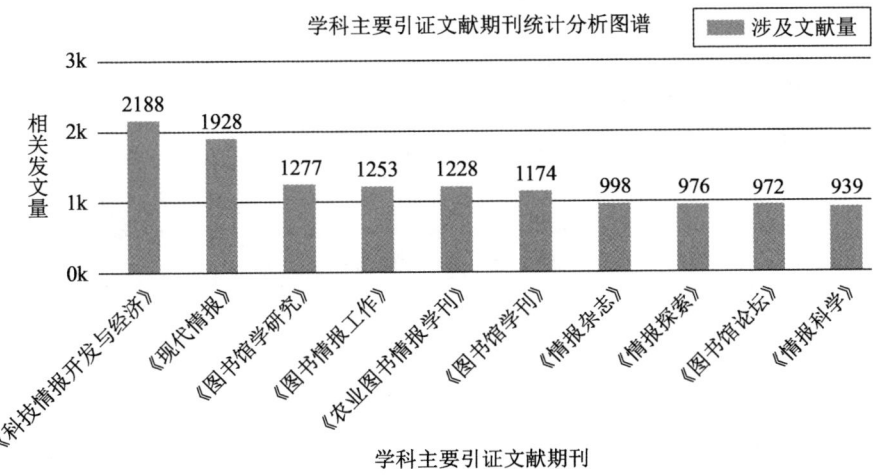

图 4.108 知识对象引证文献统计

⑤语义检索及关联关系呈现功能

基于知识对象的标识及关联关系整理,系统可以提供本体知识对象的语义检索,检索结果能够包含语义关联的呈现内容。

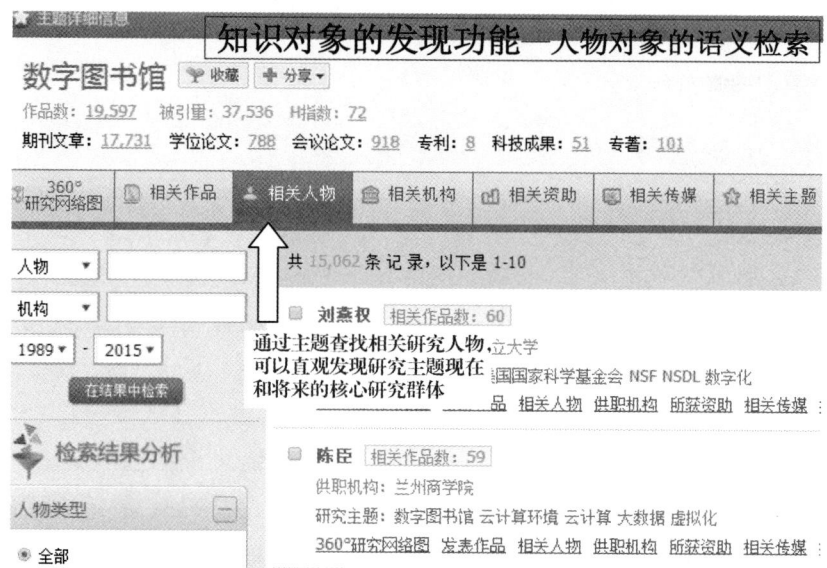

图 4.109　知识对象相关人物分析

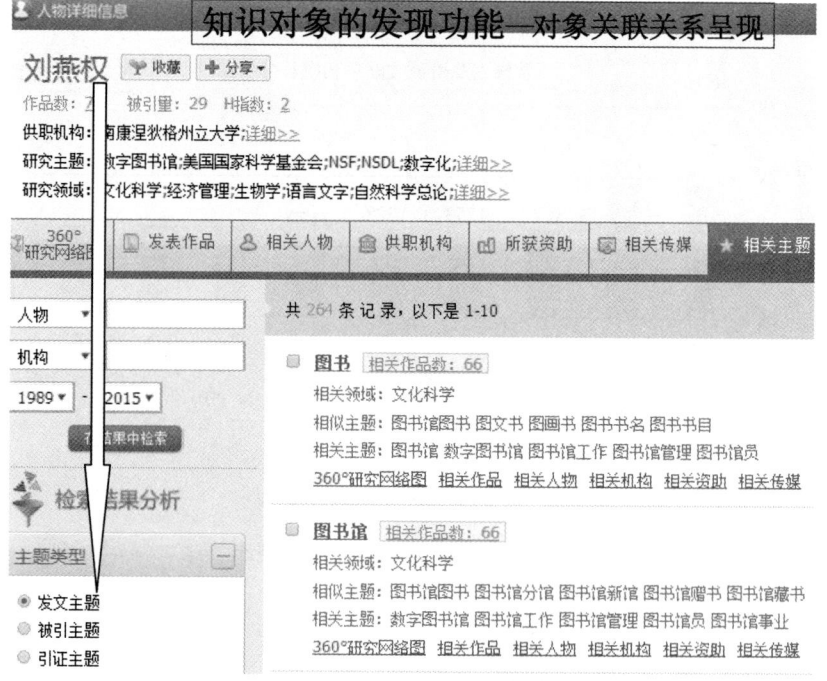

图 4.110　知识对象研究主题趋势分析

⑥知识图谱可视化功能

智立方采用可视化的呈现方式,对学科领域的知识模型和知识对象的相互关联进行了宏观和微观的不同描述,方便用户直观认识学科发展方向、人物研究重点、机构的热门研究方向、研究主题的相互关联等内容。

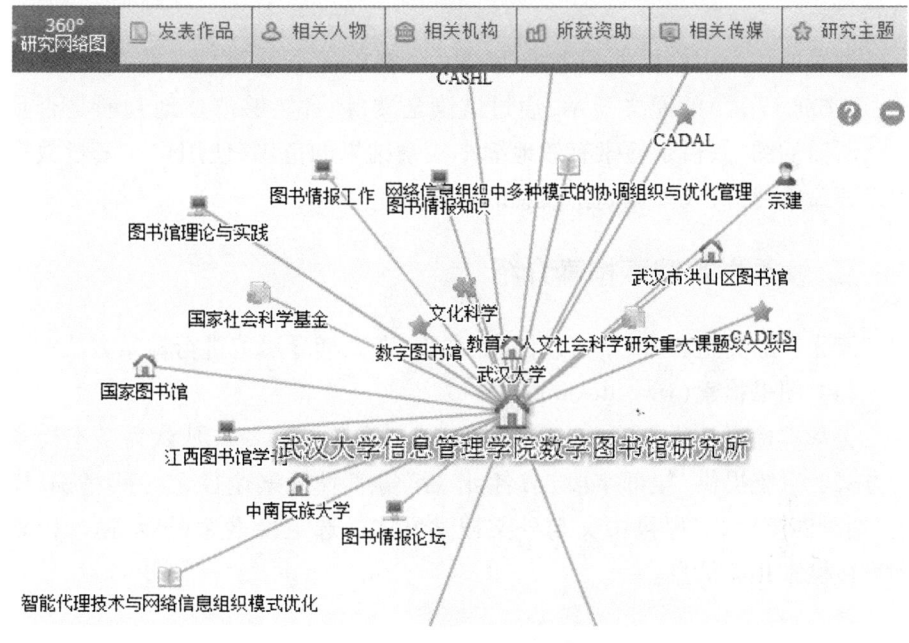

图 4.111　检索结果可视化

第三节　读秀学术搜索

一、读秀学术搜索简介

读秀学术搜索是超星数字图书馆研发的产品,由海量图书等文献资源组成庞大的知识系统,是一个可以对文献资源及其全文内容进行深度检索,并且提供原文传送服务的平台。读秀现收录300多万种中文图书题录信息，可搜索的信息量超过10亿页，为读者提供深入到图书内容的全文检索。目前已经实现了本馆购买的纸质图书和超星电子图书数据库电子图书的整合，同时实现了资源的一站式检索，即输入检索词，检索结果可延展到相关图书、期刊、会议论文、学位论文、报纸等文献资源。支持用户互助模式的海量文档下载，各类精品课程在线学习等多种资源的服务。搜索结果页的右侧显示当前检索词在各种文献资源中的分布情况和数量，点击即可迅速跳转。

读秀能够为用户提供图书前17页（包括封面页、版权页、前言页、目录页、正文前17页）的原文显示，通过试读全文，读者能够清楚地判断是否是自己所需的图书；目录检索有效地缩小检索结果的范围，使用户在海量数据中迅速命中目标，大大提高了信息的检准率。

二、读秀学术搜索检索介绍

读秀产品类型较多，本节以图书、课程、考试辅导示范进行检索方法绍。

（1）图书检索（www.duxiu.com）

①基本检索。进入读秀首页，选择"图书"链接标签。默认为基本检索的方式。系统提供"全部字段、书名、作者"等六种检索途径，支持"精确、模糊"两种匹配模式，提供中文与外文搜索方式。选定检索途径后，输入检索词直接检索相关信息。

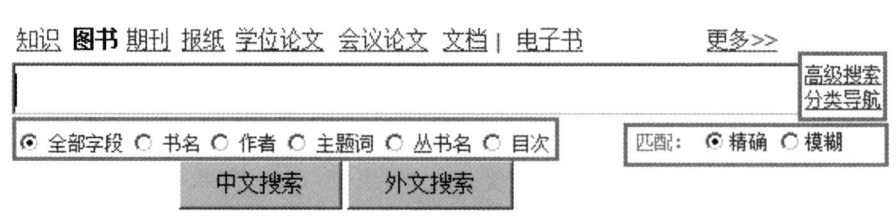

图4.112　读秀学术搜索界面

在检索结果界面,系统提供"馆藏纸本、包库全文、图书下载"的在线阅读,以及下载。提供多渠道聚类功能,能对查找的信息进行外文关键词、共现词、下位词的扩展,对检索结果进行文献类型、年代、学科、作者等统计解析。提供时间、访问量、收藏量、引用量、馆藏等排序功能。其聚类工具同时提供对检索词的相关人物、期刊、报纸、学位、会议、课件等文献检索,帮助用户快速了解该检索对象的研究全貌,快速筛选目标文献。

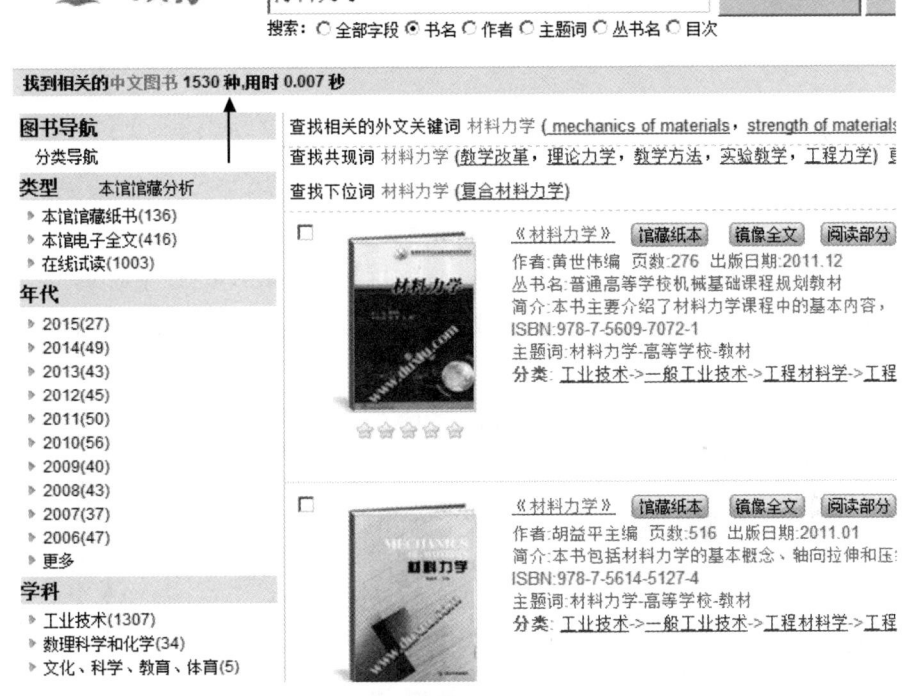

图 4.113 书名检索"材料力学"

点击目标图书后可看到书的封面,续继进入可看到图书的更多相关信息,并可以看到传统 opac 检索机上检索不到的内容,图书的版权、前言、目录,以及部分页的试读,读者可根据试读内容或者目录来决定是否需要此书。在全文频道中输入关键词进行检索后可以看到文章的章节部分,即全文检索是深入到文章内容、章节进行检索。点击进入后可看到所有关键字标亮显示。同时还可以得知此章节出自哪本书。

信息检索

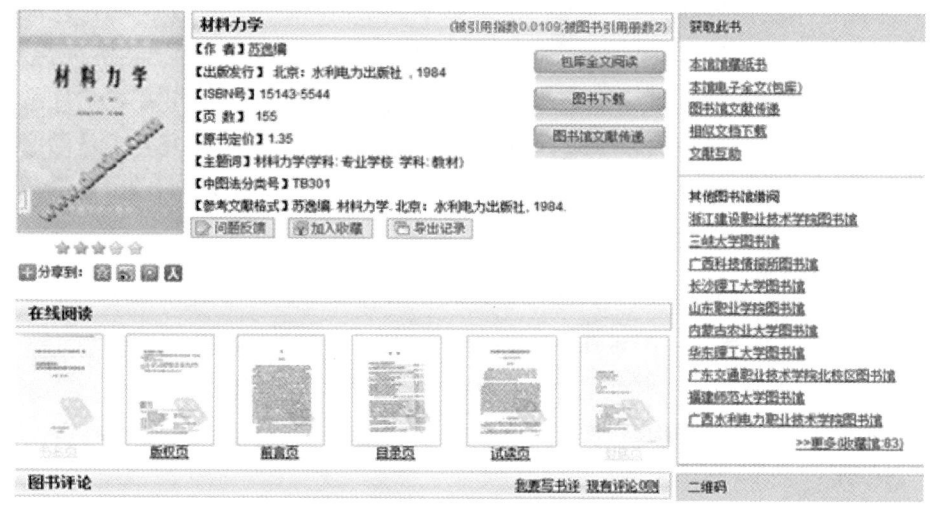

图 4.114 读秀图书提要界面

获取图书方式有：点击馆藏纸本，直接进入图书馆 OPAC 系统浏览、点击包库全文、直接阅读电子书或下载、图书馆文献传递、申请传递所需文献部分内容。

图 4.115 读秀图书文献传递

点击"图书馆文献传递"按钮，进入咨询界面后输入所需的页数及有效的邮箱地址即可。目前读秀系统每本图书单次咨询不超过 50 页，同一图书每周的咨询量不能超过全书的 20%。所有咨询内容有效期为 20 天。

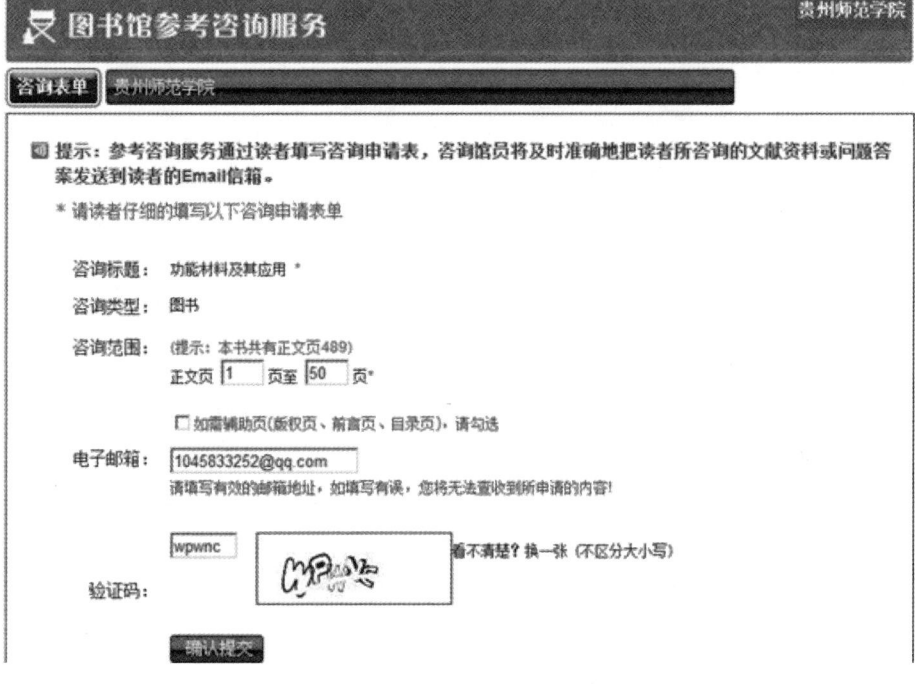

图 4.116　读秀文献传递咨询表单

如果咨询量未超过全书的 20% 内容,则还可继续咨询申请传递此书。

图 4.117　读秀文献咨询反馈界面

②高级检索。在读秀学术搜索首页,选择"高级搜索"按钮,进入其图书

高级检索的界面。该系统只提供逻辑"与"组配技术。检索者可根据系统提供的八种检索途径进行组配检索。如下图,检索书名为"图书馆"、主题词包含"图书馆学"、且出版社为"书目文献出版社"的图书。

图 4.118　读秀图书"高级检索"界面

共命中 9 条记录。基本检索中所具有的所有聚类功能,在高级检索结果中同样具有。

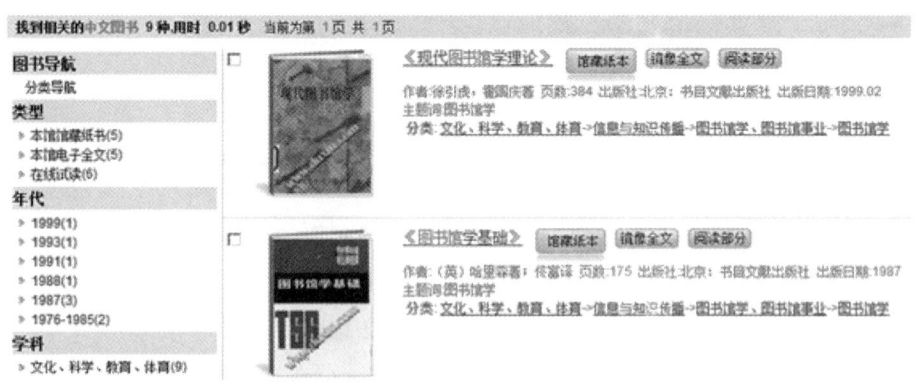

图 4.119　读秀图书"高级检索"检索结果

第四章 数字资源库检索

③分类导航。在读秀学术搜索首页,选择"分类导航"按钮,进入其图书分类导航的界面。同样,用户可不需要输入任何检索词,只要选择自己关心的栏目名称就能直接查到所需专题的文章。

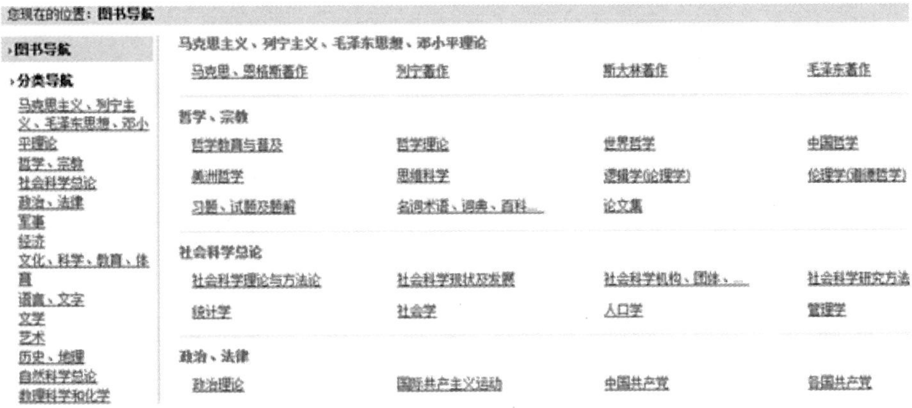

图 4.120 读秀图书"分类导航"界面

【检索方式结果对比】

现在作者以"教育心理学"为例,演示在读秀学术搜索"图书"选项中各检索方式的检索结果对比。

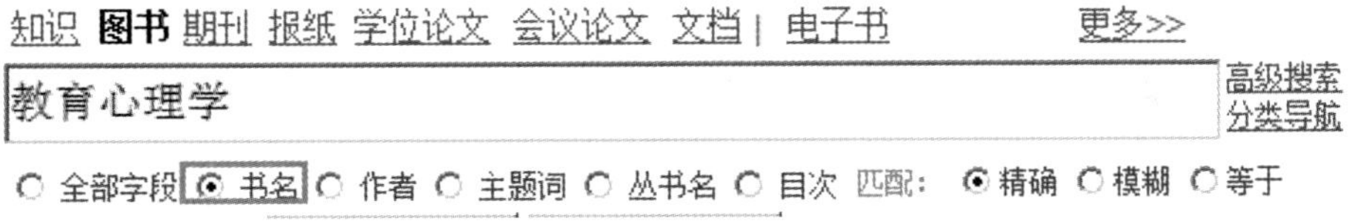

图 4.121 书名检索"教育心理学"

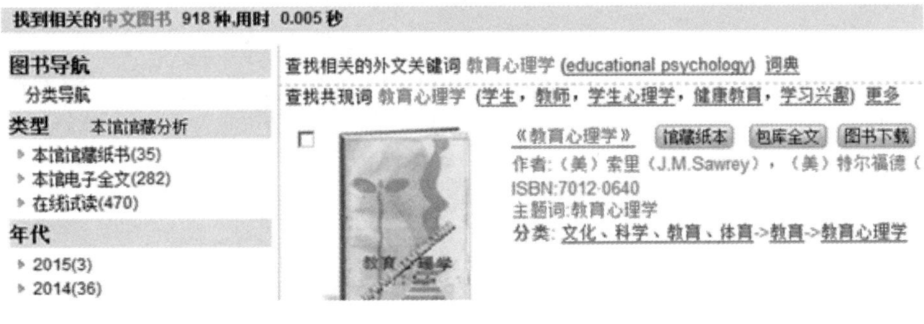

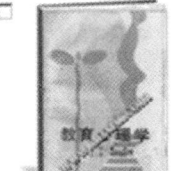

图 4.122 命中 918 条记录

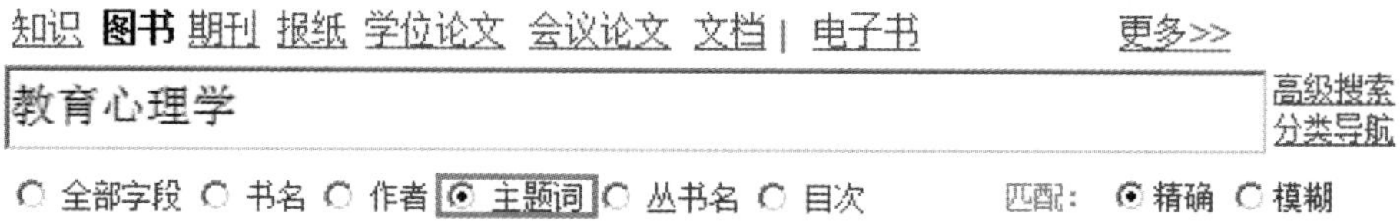

图 4.123　主题检索"教育心理学"

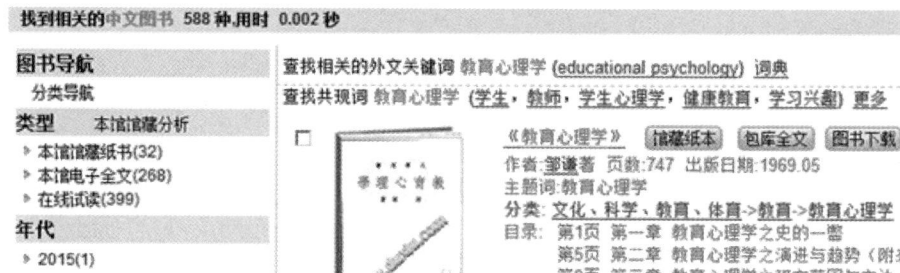

图 4.124　命中 588 条记录

在读秀学术搜索系统的"分类导航"中,通过一级类目"文化、科学、教育、体育",进入二级类目"教育",再进入其三级类目"教育心理学",则命中了 4090 条记录。由此可见,同样的检索词,检索途径不同,检索结果也有较大差异。检索者可根据检索需求与检索结果,不断调整检索策略直至达到满意的检索效果。

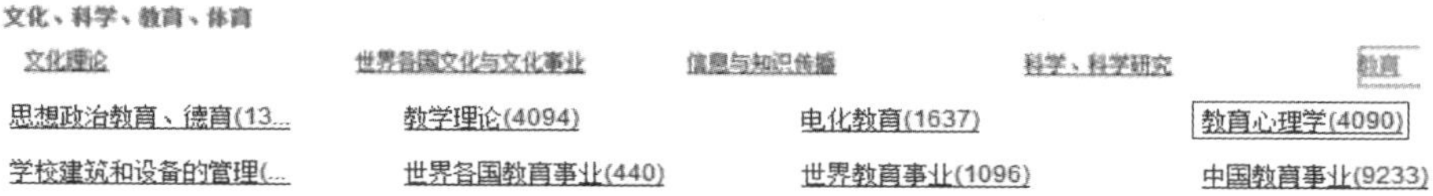

图 4.125　分类导航"教育心理学"

读秀还提供馆藏结构分析的扩展功能,在左侧类型聚类点击"本馆馆藏分析",如下图。

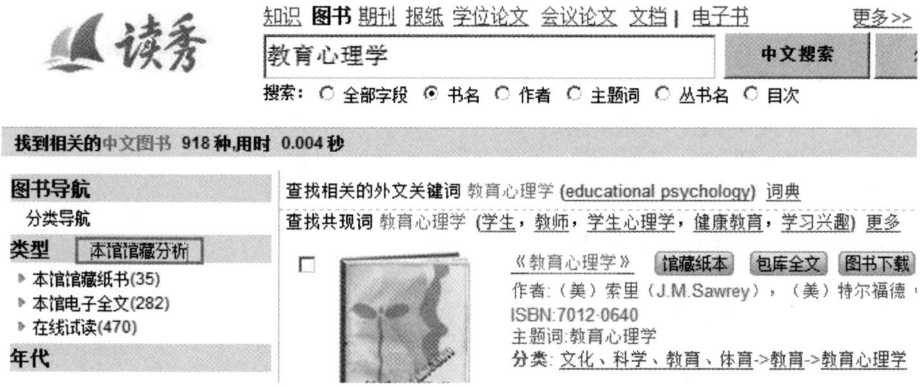

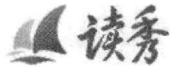

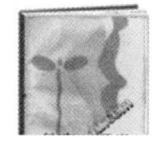

图 4.126　检索对象馆藏分析

系统根据搜索的主题或学科分类，对本馆的纸本、电子本馆藏图书，以及与读秀图书的比较，按类别和年代的结构分布情况形成数据表格和图形分析，从而对本馆的主题或学科馆藏结构进行评价。

类别	本馆纸书数量(种)	本馆电子书数量(种)	本馆图书合并数量(种)	纸书占馆藏比例	电子书占馆藏比例	读秀书目数量(种)	读秀有全文数量(种)	合并数量与读秀全文数量的比例
马克思主义、列宁主义、毛泽东思想、邓小平理论	0	0	0	0.00%	0.00%	1	1	0.00%
哲学、宗教	27	168	175	15.43%	96.00%	403	327	53.52%
社会科学总论	16	29	41	39.02%	70.73%	79	77	53.25%
政治、法律	15	31	39	38.46%	79.49%	77	68	57.35%

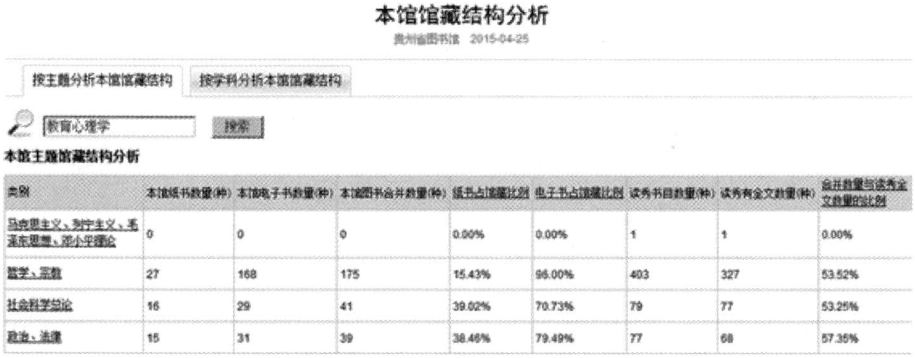

图 4.127　检索对象馆藏结构分析

（2）课件检索

以上面的“教育心理学”为例，可通过刚才图书检索结果界面右边的聚类列表中的“课程课件”链接按钮进入课件专题馆，也可通过点击读秀首页文献类型栏目上的“更多”按钮，在弹出的界面中点击“课程”链接按钮进入课件专题馆。

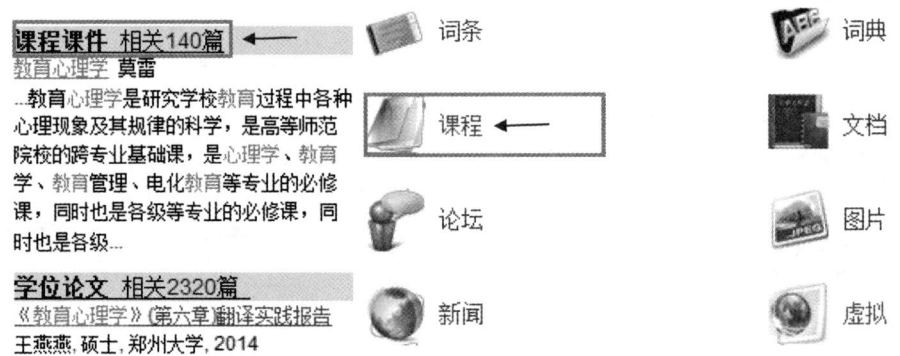

图 4.128　读秀"课件"链接途径

在课件专题馆界面中,检索者在文本框中输入检索词后选择合适的检索途径进行检索。在检索结果中对每个课件的负责人、单位、课程级别、课程层次、获奖年份有相关说明。

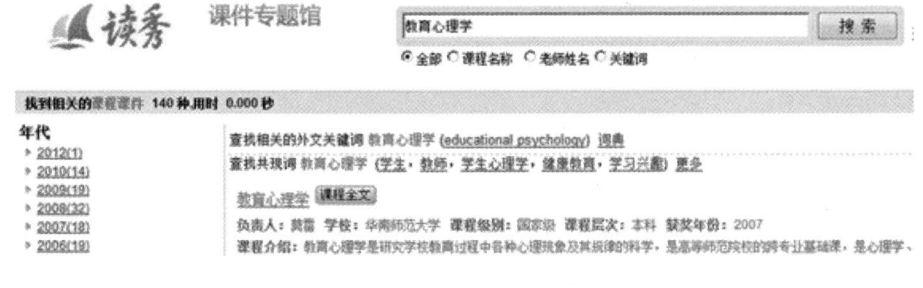

图 4.129　读秀"课件"检索界面

下图为链接到华南师范大学"教育心理学"的精品课件界面。在此界面中,可根据系统提供的"课程简介、教学大纲、教学录像、实验指导"等按钮进行学习观看。

第四章　数字资源库检索

图4.130　"精品课件"示例

（3）考试辅导

同样以"教育心理学"为例，可通过图书检索结果界面右边的聚类列表中的"考试辅导"链接按钮进入课件专题馆，也可通过点击读秀首页文献类型栏目上的"更多"按钮，在弹出的界面中点击"考试辅导"链接按钮进入课件专题馆。

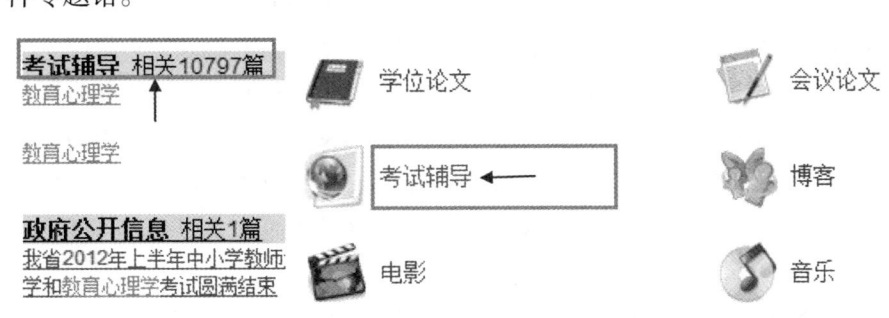

图4.131　读秀"考试辅导"链接途径

在考试辅导专题馆界面中,系统提供了"doc、pdf、ppt、mp3"等多种文本转换格式。同时考试辅导专题馆还提供了分类导航功能,在"财会、公务员、法律、建筑工程、外语、计算机"等目前考试热点的一级类目下,分别又链接了二、三级下位类目,方便检索者逐级分类按需检索。

图 4.132　读秀"考试辅导"检索界面

第四节　EBSCOhost 全文数据库检索

一、EBSCO 简介

EBSCO 出版公司是世界上最大的全文期刊数据集成出版商,也是全球最早推出全文在线数据库检索系统的公司之一,可以提供 100 多种全文数据库和二次文献数据库,所用检索系统为"EBSCOhost"。

EBSCO 可提供的数据库虽然很多,但是中国高校集团订购的数据库只有两个:Academic Search Premier 和 Business Source Premier。此外,在 EBSCOhost 平台上可以免费浏览其他一些数据库,如 ERIC(教育资源信息中心)、Academic Search Premier、Professional Development Collection(专业开发收藏库)、Newspaper Source(报刊资源库)、Business Source Premier、MEDLINE(美国国家医学图书馆制作的医学文献数据库)、World Magazine Bank(世界杂志库)、Regional Business News(地区商业新闻数据库)、Professional Development Collection(职业发展数据库)等。

(1)Academic Search Premier(学术期刊数据库)

Academic Search Premier ASP 是学术期刊全文数据库(Academic Search

Elite,ASE)的升级版本,是世界上最大的多学科学术全文数据库,收录了8千多种学术期刊,提供近4700种出版物全文,其中包括3600多种同行评审期刊。它为100多种期刊提供可追溯到1975年或更早年代的PDF过期案卷,并提供1000多个题名的可检索参考文献。学科领域包括生物科学、社会科学、人文科学、教育学、计算机科学、工程学、物理学、化学、语言学、艺术、文学等。此数据库通过EBSCOhost每日进行更新。

(2)Business Source Premier(商业资源数据库)

Business Source Premier是行业中使用最多的商业研究数据库,收录各类商管财经出版物9200种,其中包括学术性期刊1100多种、贸易和普通商业杂志1262种、专著143种、国家经济报告1255种等。学科领域包括市场、经济、国际贸易、金融、会计、管理等。它提供2300多种期刊的全文,包括1100多种同行评审刊的全文期刊,还包括全球10000多家大公司的详细信息。BSP所提供的全文和文摘最早回溯至1922年。Business Source Premier相比同等数据库的优势在于它对所有商业学科(包括市场营销、管理、会计、金融和经济)都进行了全文收录。此数据库通过EBSCOhost每日更新。

二、EBSCO检索介绍

(1)连接方式(search.ebscohost.com)

进入EBSCOhost service,点击数据库列表即可进入EBSCOhost Web。

Select New Service

GUIZHOU NORMAL COLLEGE

EBSCO学术资源检索-ASP/BSP(数千种全文期刊同时收录于SCI/SSCI)

Business Searching Interface

图4.133 EBSCO主页

进行 ASP 数据库检索时可以同时选择多个数据库进行检索,也可以单选一个数据库进行检索。如果对数据库不了解,不知道选哪些数据库,可以阅读每个数据库名下的简单介绍,还可以点击"更多信息"进一步了解关于该数据库的信息,点击"标题列表"浏览该数据库收录期刊列表,系统提供了"按字母顺序、按主题和说明、匹配任意关键字"三种导航方式。

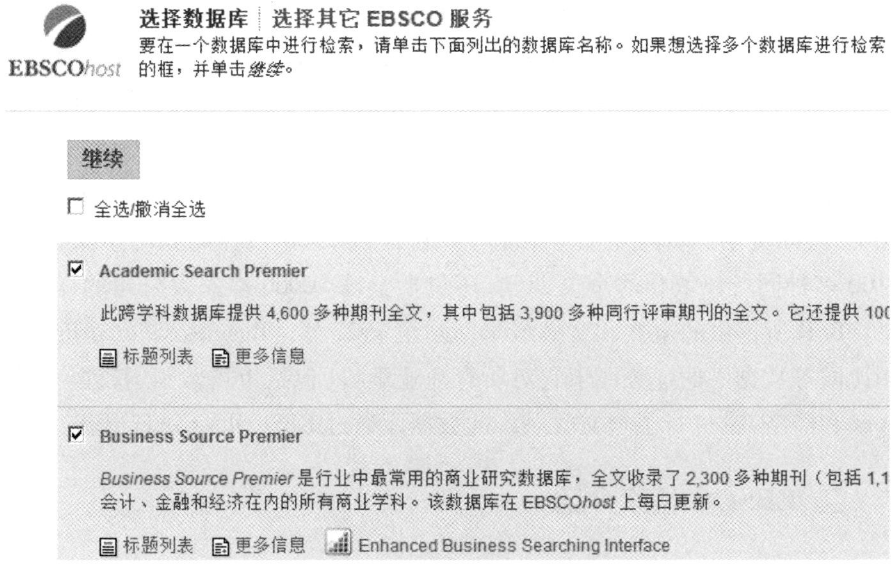

图 4.134　EBSCO 数据库列表

(2) 检索方法

EBSCO 各数据库检索方法相同,本节以 Academic Search Premier(学术期刊数据库)为例,介绍该检索系统的使用方法。ASP 检索步骤与方法如下。

① 基本检索。

基本检索的操作方式比较简单,选择好数据库后进入到检索页面,在输入框中输入关键词,也可以输入词组,关键词或词组之间可用布尔逻辑算符(AND、OR、NOT)连接组成检索表达式,如果检索时不限定字段,基本检索的结果是在所有字段中进行检索。

第四章 数字资源库检索

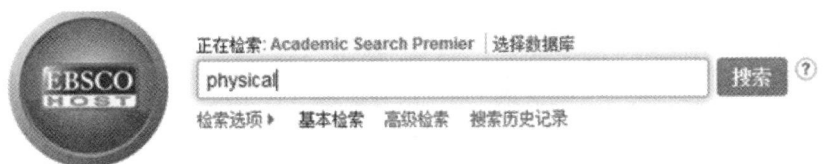

图 4.135　EBSCO"基本检索"界面

在检索结果页左边的检索选项，可以通过"全文、参考、学术期刊、出版时间"对检索条件进一步限制。同时系统的聚类工具对检索结果的来源类型按"学术理论期刊、杂志、报纸、评论"等进行了分类统计。

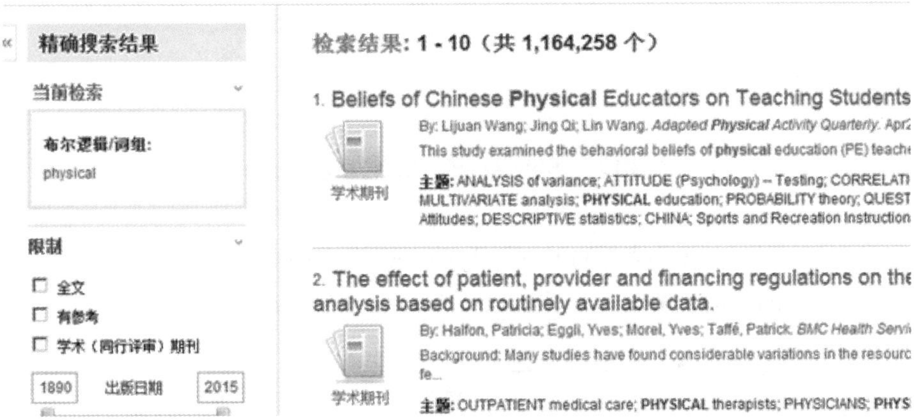

图 4.136　EBSCO 检索结果页

②高级检索。

在高级检索界面，系统提供了"全文、作者、标题、主题、关键词"等 17 种检索途径。检索者可以按检索需求在下拉框中选择对应检索途径。还可利用系统提供的"+、-"功能增加或减少逻辑匹配条件，同时也可以在"限制结果"中对检索条件进一步限制。系统还提供了"图像快速查看"功能，方便检索者对图像的快速提取。

如下图，查找作者"Dellens，Tom"所著的"physical"方面的文献。通过该方式组配共命中 4 条记录。

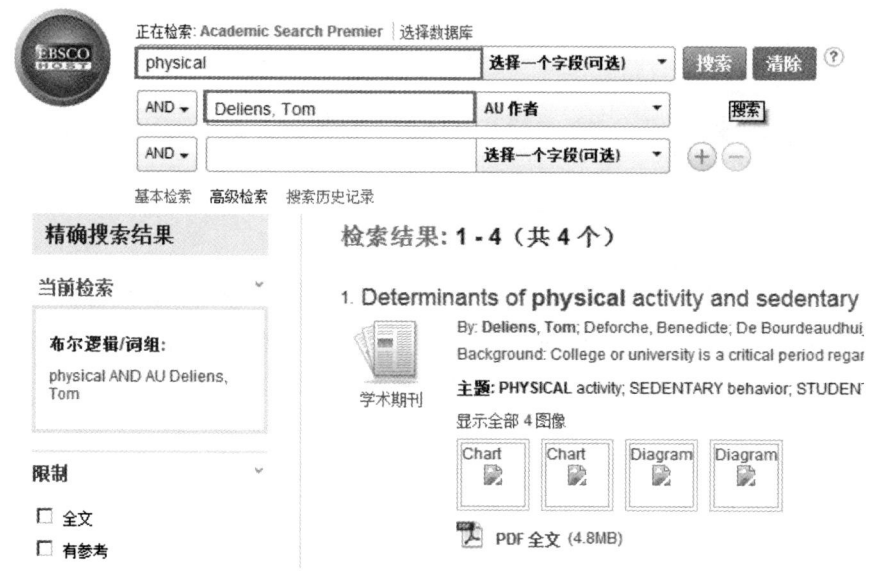

图 4.137　EBSCO"高级检索"组配示例 1

再如下图,查找作者"Williams,Leslie A"在 2000 年至 2014 年研究的有关" Computer "的文献。通过该方式组配共命中 2 条记录。

图 4.138　EBSCO"高级检索"组配示例 2

第四章　数字资源库检索

下图详细记录界面,检索者可通过主题语、摘要等快速判断取舍。

Negotiating a Text Mining License for Faculty Researchers.

作者：Williams, Leslie A.[1] leslie.williams@ucdenver.edu
Fox, Lynne M.[2] lynne.fox@ucdenver.edu
Roeder, Christophe[3]
Hunter, Lawrence[4] larry.hunter@ucdenver.edu

来源：Information Technology & Libraries. Sep2014, Vol. 33 Issue 3, p5-21. 17p.

文献类型：Article

主题语：*MEDICAL libraries
*ACADEMIC medical centers
*COLLEGE teachers
*COPYRIGHT
*MEDICAL literature
*NATURAL language processing (Computer science)
*NEGOTIATION
*RESEARCH
*USER charges
*DATA mining
*XML (Document markup language)
*PROFESSIONAL licenses

图 4.139　EBSCO 检索摘要页

系统对检索结果提供了打印、电子邮件、保存、导出引文等多种功能,数据库检索系统中有一个临时的个人文件夹,在每一次检索的过程中,用户可随时将需要进一步处理的文章存入收藏夹中,便于检索完成后集中进行处理,提高了检索效率。同时系统还提供了相似文献的聚类检索功能,并可在线阅读全文(需安装 PDF 浏览器)。检索结果可以按相关度排序,文章相关度越高,"Relevancy"右侧的进度条的绿颜色就越深。随着相关度的降低,进度条的绿颜色越来越浅。"Nan'ow Results by(缩小结果范围)":在检索结果界面的左栏,可以按照来源类型、主题、期刊、作者等,缩小结果的范围。

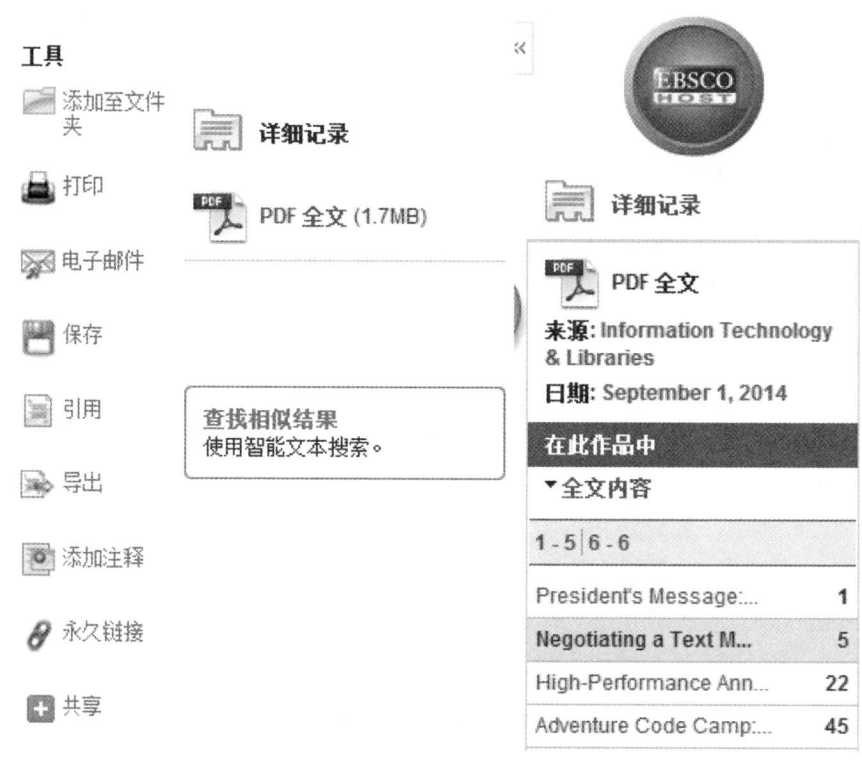

图 4.140 EBSCO 检索结果辅助功能

表 4.6 ASP 常用检索算符使用方法及示例

检索算符		使用方法及示例
布尔逻辑算符	AND	AND 前后两个检索词必须同时出现，如"organic chemistry AND catalytic agent"表示同时含有"organic chemistry"和"catalytic agent"的检索条件
	OR	OR 前后两个检索词，如"lawyer OR counsel"表示这两个检索词都是可检索的条件
	NOT	NOT 后面的检索词不能出现，如"organic chemistry NOT catalytic agent"表示检索"organic chemistry"时必须排除"catalytic agent"的检索条件

续表

检索算符		使用方法及示例
截词算符	?	? 表示检索词中任何一个未知的字母，如"ne?t"可检索到"neat""nest""next"等
	*	* 表示检索词中若干个未知的字母，如"work*"可检索到"worker""working""worked"等
位置算符	N	Nn 表示前后两个检索词之间最多可插入 n 个单词，如"tax N5 reform"可检索到，如"tax reform""reform of income tax"等
	W	Wn 表示前后两个检索词之间最多可插入 n 个单词，且前后两词顺序不变，如"tax W5 reform"可检索到"tax reform"，但检索不到"reform of income tax"
优先算符	( )	( )里的允许优先检索，在默认情况下，逻辑运算的优先级次序是"非""与""或"。如果要改变默认的优先级次序，则需要使用"( )"，括号可以嵌套

附 录 一

《中国图书馆分类法》(第五版)简表

基本部类	基本大类	简表(二级类)	
马克思主义、列宁主义、毛泽东思想	A 马克思主义、列宁主义、毛泽东思想、邓小平理论	A1 马克思、恩格斯著作 A2 列宁著作 A3 斯大林著作 A4 毛泽东著作 A49 邓小平著作 A5 马克思、恩格斯、列宁、斯大林、毛泽东、邓小平著作汇编	A7 马克思、恩格斯、列宁、斯大林、毛泽东、邓小平生平和传记 A8 马克思主义、列宁主义、毛泽东思想、邓小平理论的学习和研究
哲学	B 哲学、宗教	B0 哲学理论 B1 世界哲学 B2 中国哲学 B3 亚洲哲学 B4 非洲哲学 B5 欧洲哲学 B6 大洋洲哲学	B7 美洲哲学 B80 思维科学 B81 逻辑学(论理学) B82 伦理学(道德哲学) B83 美学 B84 心理学 B9 宗教
社会科学	C 社会科学总论	C0 社会科学理论与方法论 C1 社会科学概况、现状、进展 C2 社会科学机构、团体、会议 C3 社会科学研究方法 C4 社会科学教育与普及 C5 社会科学丛书、文集、连续性出版物 C6 社会科学参考工具书 [C7] 社会科学文献检索工具书	C8 统计学 C91 社会学 C92 人口学 C93 管理学 [C94] 系统科学 C95 民族学、文化人类学 C96 人才学 C97 劳动科学
	D 政治、法律	D0 政治学、政治理论 D1 中国共产党 D33/37 各国共产党 D4 工人、农民、青年、妇女运动与组织 D5 世界政治	D6 中国政治 D73/77 各国政治 D25 欧洲政治 D8 外交、国际关系 D9 法律

· 178 ·

续表

基本部类	基本大类	简表(二级类)	
社会科学	E 军事	E0 军事理论 E1 世界军事 E2 中国军事 E3/7 各国军事	E8 战略学、战役学、战术学 E9 军事技术 E99 军事地形学、军事地理学
	F 经济	F0 经济学 F1 世界各国经济概况、经济史、经济地理 F2 经济管理 F3 农业经济 F4 工业经济	F49 信息产业经济 F5 交通运输经济 F59 旅游经济 F6 邮电通信经济 F7 贸易经济 F8 财政、金融
	G 文化、科学、教育、体育	G0 文化理论 G1 世界各国文化与文化事业 G2 信息与知识传播 G3 科学、科学研究 G4 教育	G5 世界各国教育事业 G6 各级教育 G7 各类教育 G8 体育
	H 语言、文字	H0 语言学 H1 汉语 H2 中国少数民族语言 H3 常用外国语 H4 汉藏语系 H5 阿尔泰语系(突厥-蒙古-通古斯语系) H61 南亚语系(澳斯特罗-亚细亚语系) H62 南印语系(达罗毗荼语系、德拉维达语系) H63 南岛语系(马来亚-玻里尼西亚语系) H64 东北亚诸语言	H65 高加索语系(伊比利亚-高加索语系) H66 乌拉尔语系(阿非罗-高加索语系) H67 闪-含语系(阿非罗-亚西亚语系) H7 印欧语系 H81 非洲诸语言 H83 美洲诸语言 H84 大洋洲诸语言 H9 国际辅助语
	I 文学	I0 文学理论 I1 世界文学	I2 中国文学 I3/7 各国文学

续表

基本部类	基本大类	简表(二级类)	
社会科学	J 艺术	J0 艺术理论 J1 世界各国艺术概况 J2 绘画 J29 书法、篆刻 J3 雕塑 J4 摄影艺术	J5 工艺美术 [J59]建筑艺术 J6 音乐 J7 舞蹈 J8 戏剧、曲艺、杂技艺术 J9 电影、电视艺术
	K 历史、地理	K0 史学理论 K1 世界史 K2 中国史 K3 亚洲史 K4 非洲史 K5 欧洲史	K6 大洋州史 K7 美洲史 K81 传记 K85 文物考古 K89 风俗习惯 K9 地理
自然科学	N 自然科学总论	N0 自然科学理论与方法论 N1 自然科学概况、现状、进展 N2 自然科学机关、团体、会议 N3 自然科学研究方法 N4 自然科学教育与普及 N5 自然科学丛书、文集、连续性出版物 N6 自然科学参考工具书	N7 自然科学文献检索工具 N8 自然科学调查、考察 N91 自然研究、自然历史 N93 非线性科学 N94 系统科学 [N99]情报学、情报工作
	O 数理科学和化学	O1 数学 O3 力学 O4 物理学	O6 化学 O7 晶体学
	P 天文学、地理科学	P1 天文学 P2 测绘学 P3 地球物理学 P4 大气科学(气象学)	P5 地质学 P7 海洋学 P9 自然地理学

续表

基本部类	基本大类	简表(二级类)	
自然科学	Q 生物科学	Q1 普通生物学 Q2 细胞生物学 Q3 遗传学 Q4 生理学 Q5 生物化学 Q6 生物物理学 Q7 分子生物学 Q81 生物工程学(生物技术)	[Q89]环境生物学 Q91 古生物学 Q93 微生物学 Q94 植物学 Q95 动物学 Q96 昆虫学 Q98 人类学
	R 医学、卫生	R1 预防医学、卫生学 R2 中国医学 R3 基础医学 R4 临床医学 R5 内科学 R6 外科学 R71 妇产科学 R72 儿科学 R73 肿瘤学	R74 神经病学与精神病学 R75 皮肤病学与性病学 R76 耳鼻咽喉科学 R77 眼科学 R78 口腔科学 R79 外国民族医学 R8 特种医学 R9 药学
	S 农业科学	S1 农业基础科学 S2 农业工程 S3 农学(农艺学) S4 植物保护 S5 农作物	S6 园艺 S7 林业 S8 畜牧、动物医学、狩猎、蚕、蜂 S9 水产、渔业
	T 工业技术	TB 一般工业技术 TD 矿业工程 TE 石油、天然气工业 TF 冶金工业 TG 金属学与金属工艺 TH 机械、仪表工业 TJ 武器工业 TK 能源与动力工程	TL 原子能技术 TM 电工技术 TN 无线电电子学、电信技术 TP 自动化技术、计算机技术 TQ 化学工业 TS 轻工业、手工业 TU 建筑科学 TV 水利工程

续表

基本部类	基本大类	简表(二级类)	
自然科学	U 交通运输	U1 综合运输 U2 铁路运输 U4 公路运输	U6 水路运输 [U8]航空运输
	V 航空、航天	V1 航空、航天技术的研究与探索 V2 航空	V4 航天(宇宙航行) [V7]航空、航天医学
	X 环境科学、劳动保护科学(安全科学)	X1 环境科学基础理论 X2 社会与环境 X3 环境保护管理 X4 灾害及其防治	X5 环境污染及其防治 X7 废物处理与综合利用 X8 环境质量评价与环境监测 X9 安全科学
综合性图书	Z 综合性图书	Z1 丛书 Z2 百科全书、类书 Z3 辞典 Z4 论文集、全集、选集、杂著	Z5 年鉴、年刊 Z6 期刊、连续性出版物 Z8 图书报刊目录、文摘、索引

附录二

中华人民共和国国家标准

UDC 001.81

科学技术报告、学位论文和学术论文的编写格式

GB7713-87

1 引言

1.1 制订本标准的目的是为了统一科学技术报告、学位论文和学术论文(以下简称报告、论文)的撰写和编辑的格式,便利信息系统的收集、存储、处理、加工、检索、利用、交流、传播。

1.2 本标准适用于报告、论文的编写格式,包括形式构成和题录著录,及其撰写、编辑、印刷、出版等。

本标准所指报告、论文可以是手稿,包括手抄本和打字本及其复制品;也可以是印刷本,包括发表在期刊或会议录上的论文及其预印本、抽印本和变异本;作为书中一部分或独立成书的专著;缩微复制品和其他形式。

1.3 本标准全部或部分适用于其他科技文件,如年报、便览、备忘录等,也适用于技术档案。

2 定义

2.1 科学技术报告

科学技术报告是描述一项科学技术研究的结果或进展或一项技术研制试验和评价的结果;或是论述某项科学技术问题的现状和发展的文件。

科学技术报告是为了呈送科学技术工作主管机构或科学基金会等组织或主持研究的人等。科学技术报告中一般应该提供系统的或按工作进程的充分信息,可以包括正反两方面的结果和经验,以便有关人员和读者判断和评价,以及对报告中的结论和建议提出修正意见。

2.2 学位论文

学位论文是表明作者从事科学研究取得创造性的结果或有了新的见解,并以此为内容撰写而成、作为提出申请授予相应的学位时评审用的学术论文。

学士论文应能表明作者确已较好地掌握了本门学科的基础理论、专门知识和基本技能,并具有从事科学研究工作或担负专门技术工作的初步能力。

硕士论文应能表明作者确已在本门学科上掌握了坚实的基础理沦和系统的专门知识,并对所研究课题有新的见解,有从事科学研究工作成独立担负专门技术工作的能力。

博士论文应能表明作者确已在本门学科上掌握了坚实宽广的基础理论和系统深入的专门知识,并具有独立从事科学研究工作的能力,在科学或专门技术上做出了创造性的成果。

2.3 学术论文

学术论文是某一学术课题在实验性、理论性或观测性上具有新的科学研究成果或创新见解和知识的科学记录;或是某种已知原理应用于实际中取得新进展的科学总结,用以提供学术会议上宣读、交流或讨论;或在学术刊物上发表;或作其他用途的书面文件。

学术论文应提供新的科技信息,其内容应有所发现、有所发明、有所创造、有所前进,而不是重复、模仿、抄袭前人的工作。

3 编写要求

报告、论文的中文稿必须用白色稿纸单面缮写或打字;外文稿必须用打字。可以用不褪色的复制本。

报告、论文宜用 A4(210mm×297mm)标准大小的白纸,应便于阅读、复制和拍摄缩微制品。报告、论文在书写、打字或印刷时,要求纸的四周留足空白边缘,以便装订、复制和读者批注。每一面的上方(天头)和左侧(订口)应分别留边 25 mm 以上,下方(地脚)和右侧(切口)应分别留边 20 mm 以上。

4 编写格式

4.1 报告、论文章、条的编号参照国家标准 GB1.1《标准化工作导则标准编写的基本规定》第 8 章"标准条文的编排"的有关规定,采用阿拉伯数字分级编号。

4.2 报告、论文的构成（略）

5 前置部分

5.1 封面

5.1.1 封面是报告、论文的外表面，提供应有的信息，并起保护作用。

封面不是必不可少的。学术论文如作为期刊、书或其他出版物的一部分，无需封面；如作为预印本、抽印本等单行本时，可以有封面。

5.1.2 封面上可包括下列内容：

a. 分类号 在左上角注明分类号，便于信息交换和处理。一般应注明《中国图书资料类法》的类号，同时应尽可能注明《国际十进分类法 UDC》的类号。

b. 本单位编号 一般标注在右上角。学术论文无必要。

c. 密级视报告、论文的内容，按国家规定的保密条例，在右上角注明密级。如系公开发行，不注密级。

d. 题名和副题名或分册题名 用大号字标注于明显地位。

e. 卷、分册、篇的序号和名称 如系全一册，无需此项。

f. 版本 如草案、初稿、修订版等。如系初版，无需此项。

g. 责任者姓名 责任者包括报告、论文的作者、学位论文的导师、评阅人、答辩委员会主席，以及学位授予单位等。必要时可注明个人责任者的职务、职称、学位、所在单位名称及地址；如责任者系单位、团体或小组，应写明全称和地址。

在封面和题名页上，或学术论文的正文前署名的个人作者，只限于那些对于选定研究课题和制订研究方案、直接参加全部或主要部分研究工作并作出主要贡献、以及参加撰写论文并能对内容负责的人，按其贡献大小排列名次。至于参加部分工作的合作者、按研究计划分工负责具体小项的工作者、某一项测试的承担者，以及接受委托进行分析检验和观察的辅助人员等，均不列入。这些人可以作为参加工作的人员——列入致谢部分，或排于脚注。

如责任者姓名有必要附注汉语拼音时，必须遵照国家规定，即姓在名前，名连成一词，不加连字符，不缩写。

h. 申请学位级别 应按《中华人民共和国学位条例暂行实施办法》所规定的名称进行标注。

i. 专业名称 系指学位论文作者主修专业的名称。

j. 工作完成日期 包括报告、论文提交日期,学位论文的答辩日期,学位的授予日期,出版部门收到日期(必要时)。

k. 出版项 出版地及出版者名称,出版年、月、日(必要时)。

5.1.3 报告和论文的封面格式(略)。

5.2 封二

报告的封二可标注送发方式,包括免费赠送或价购,以及送发单位和个人;版权规定;其他应注明事项。

5.3 题名页

题名页是对报告、论文进行著录的依据。

学术论文无需题名页。

题名页置于封二和衬页之后,成为另页的右页。

报告、论文如分装两册以上,每一分册均应各有其题名页。在题名页上注明分册名称和序号。

题名页除 5.1 规定封面应有的内容并取得一致外,还应包括下列各项:

单位名称和地址,在封面上未列出的责任者职务、职称、学位、单位名称和地址,参加部分工作的合作者姓名。

5.4 变异本

报告、论文有时适应特种需要,除正式的全文正本以外,要求有某种变异本,如:节本、摘录本、为送请评审用的详细摘要本、为摘取所需内容的改写本等。

变异本的封面上必须标明"节本、摘录本或改写本"字样,其余应注明项目,参见 5.1 的规定执行。

5.5 题名

5.5.1 题名是以最恰当、最简明的词语反映报告、论文中最重要的特定内容的逻辑组合。题名所用每一词语必须考虑到有助于选定关键词和编制题录、索引等二次文献可以提供检索的特定实用信息。

题名应该避免使用不常见的缩略词、首字母缩写字、字符、代号和公式等。

题名一般不宜超过 20 字。

报告、论文用作国际交流,应有外文(多用英文)题名。外文题名一般不宜超过 10 个实词。

5.5.2 下列情况可以有副题名：

题名语意未尽,用副题名补充说明报告论文中的特定内容；

报告、论文分册出版,或是一系列工作分几篇报道,或是分阶段的研究结果,各用不同副题名区别其特定内容；

其他有必要用副题名作为引伸或说明者。

5.5.3 题名在整本报告、论文中不同地方出现时,应完全相同,但眉题可以节略。

5.6 序或前言

序并非必要。报告、论文的序,一般是作者或他人对本篇基本特征的简介,如说明研究工作缘起、背景、主旨、目的、意义、编写体例,以及资助、支持、协作经过等；也可以评述和对相关问题研究阐发。这些内容也可以在正文引言中说明。

5.7 摘要

5.7.1 摘要是报告、论文的内容不加注释和评论的简短陈述。

5.7.2 报告、论文一般均应有摘要,为了国际交流,还应有外文(多用英文)摘要。

5.7.3 摘要应具有独立性和自明性,即不阅读报告、论文的全文,就能获得必要的信息。摘要中有数据、有结论,是一篇完整的短文,可以独立使用,可以引用,可以用于工艺推广。摘要的内容应包含与报告、论文同等量的主要信息,供读者确定有无必要阅读全文,也供文摘等二次文献采用。摘要一般应说明研究工作目的、实验方法、结果和最终结论等,而重点是结果和结论。

5.7.4 中文摘要一般不宜超过200~300字；外文摘要不宜超过250个实词。如遇特殊需要字数可以略多。

5.7.5 除了实在无变通办法可用以外,摘要中不用图、表、化学结构式、非公知公用的符号和术语。

5.7.6 报告、论文的摘要可以用另页置于题名页之后,学术论文的摘要一般置于题名和作者之后、正文之前。

5.7.7 学位论文为了评审,学术论文为了参加学术会议,可按要求写成变异本式的摘要,不受字数规定的限制。

5.8 关键词

关键词是为了文献标引工作从报告、论文中选取出来用以表示全文主题内容信息款目的单词或术语。

每篇报告、论文选取 3~8 个词作为关键词,以显著的字符另起一行,排在摘要的左下方。如有可能,尽量用《汉语主题词表》等词表提供的规范词。

为了国际交流,应标注与中文对应的英文关键词。

5.9 目次页

长篇报告、论文可以有目次页,短文无需目次页。

目次页由报告、论文的篇、章、条、附录、题录等的序号、名称和页码组成,另页排在序之后。

整套报告、论文分卷编制时,每一分卷均应有全部报告、论文内容的目次页。

5.10 插图和附表清单报告、论文中如图表较多,可以分别列出清单置于目次页之后。图的清单应有序号、图题和页码。表的清单应有序号、表题和页码。

5.11 符号、标志、缩略词、首字母缩写、计量单位、名词、术语等的注释表符号、标志、缩略词、首字母缩写、计量单位、名词、术语等的注释说明汇集表,应置于图表清单之后。

6 主体部分

6.1 格式

主体部分的编写格式可由作者自定,但一般由引言(或绪论)开始,以结论或讨论结束。

主体部分必须由另页右页开始。每一篇(或部分)必须另页起。如报告、论文印成书刊等出版物,则按书刊编排格式的规定。

全部报告、论文的每一章、条的格式和版面安排,要求划一,层次清楚。

6.2 序号

6.2.1 如报告、论文在一个总题下装为两卷(或分册)以上,或分为两篇(或部分)以上,各卷或篇应有序号。可以写成:第一卷、第二分册;第一篇、第二部分等。用外文撰写的报告、论文,其卷(分册)和篇(部分)的序号,用罗马数字编码。

6.2.2 报告、论文中的图、表、附注、参考文献、公式、算式等,一律用阿拉伯数字分别依序连续编排序号。序号可以就全篇报告、论文统一按出现先后顺序编码,对长篇报告、论文也可以分章依序编码。其标注形式应便于互相区别,可以分别为:图 1、图 2.1;表 2、表 3.2;附注 1);文献;式(5)、式(3.5)等。

6.2.3 报告、论文一律用阿拉伯数字连续编页码。页码由书写、打字或印刷的首页开始,作为第 1 页,并为右页另页。封面、封二、封三和封底不编入页码。可以将题名页、序、目次页等前置部分单独编排页码。页码必须标注在每页的相同位置,便于识别。

力求不出空白页,如有,仍应以右页作为单页页码。

如在一个总题下装成两册以上,应连续编页码。如各册有其副题名,则可分别独立编页码。

6.2.4 报告、论文的附录依序用大写正体 A,B,C,……编序号,如:附录 A。

附录中的图、表、式、参考文献等另行编序号,与正文分开,也一律用阿拉伯数字编码,但在数码前冠以附录序码,如:图 A1;表 B2;式(B3);文献[5]等。

6.3 引言(或绪论)

引言(或绪论)简要说明研究工作的目的、范围、相关领域的前人工作和知识空白、理论基础和分析、研究设想、研究方法和实验设计、预期结果和意义等。应言简意赅,不要与摘要雷同,不要成为摘要的注释。一般教科书中有的知识,在引言中不必赘述。

比较短的论文可以只用小段文字起着引言的效用。

学位论文为了需要反映出作者确已掌握了坚实的基础理论和系统的专门知识,具有开阔的科学视野,对研究方案作了充分论证,因此,有关历史回顾和前人工作的综合评述,以及理论分析等,可以单独成章,用足够的文字叙述。

6.4 正文

报告、论文的正文是核心部分,占主要篇幅,可以包括:调查对象、实验和观测方法、仪器设备、材料原料、实验和观测结果、计算方法和编程原理、数据资料、经过加工整理的图表、形成的论点和导出的结论等。

由于研究工作涉及的学科、选题、研究方法、工作进程、结果表达方式等有很大的差异,对正文内容不能作统一的规定。但是,必须实事求是,客观真切,准确完备,合乎逻辑,层次分明,简练可读。

6.4.1 图

图包括曲线图、构造图、示意图、图解、框图、流程图、记录图、布置图、地图、照片、图版等。

图应具有"自明性",即只看图、图题和图例,不阅读正文,就可理解图意。

图应编排序号(见6.2.2)。

每一图应有简短确切的题名,连同图号置于图下。必要时,应将图上的符号、标记、代码,以及实验条件等,用最简练的文字,横排于图题下方,作为图例说明。

曲线图的纵横坐标必须标注"量、标准规定符号、单位"。此三者只有在不必要标明(如无量纲等)的情况下方可省略。坐标上标注的量的符号和缩略词必须与正文中一致。

照片图要求主题和主要显示部分的轮廓鲜明,便于制版。如用放大缩小的复制品,必须清晰,反差适中。照片上应该有表示目的物尺寸的标度。

6.4.2 表

表的编排,一般是内容和测试项目由左至右横读,数据依序竖排。表应有自明性。

表应编排序号(见6.2.2)。

每一表应有简短确切的题名,连同表号置于表上。必要时应将表中的符号、标记、代码,以及需要说明事项,以最简练的文字,横排于表题下,作为表注,也可以附注于表下。

附注序号的编排,见6.2.2。表内附注的序号宜用小号阿拉伯数字并加圆括号置于被标注对象的右上角,如:×××1),不宜用星号"*",以免与数学上共轭和物质转移的符号相混。

表的各栏均应标明"量或测试项目、标准规定符号、单位"。只有在无必要标注的情况下方可省略。表中的缩略词和符号,必须与正文中一致。

表内同一栏的数字必须上下对齐。表内不宜用"同上""同左""同前"和类似词,一律填入具体数字或文字。表内"空白"代表未测或无此项,"-"或"…"(因"-"可能与代表阴性反应相混)代表未发现,"0"代表实测结果确为零。

如数据已绘成曲线图,可不再列表。

6.4.3 数学、物理和化学式

正文中的公式、算式或方程式等应编排序号(见6.2.2),序号标注于该式所在行(当有续行时,应标注于最后一行)的最右边。

较长的式,另行居中横排。如式必须转行时,只能在+,-,×,÷,<,>处转行。上下式尽可能在等号"="处对齐。

示例1:
$$W(N_1) = H_{0.1} + \int_{e^{-1}}^{-e^{-1}+1} L_a^r e^{-2maN_1} da$$
$$= R(N_0) + \int_{e^{-1}}^{-e^{-1}+1} L_a^r e^{-2maN_1} da + O(P^{r-n-v})$$
(1)

示例2:
$$f(x,y) = f(0,0) + \frac{1}{1!}(x\frac{\partial}{\partial x} + y\frac{\partial}{\partial y})f(0,0)$$
$$+ \frac{1}{2!}(x\frac{\partial}{\partial x} + \frac{\partial}{\partial y})^2 f(0,0) + K$$
$$+ \frac{1}{n!}(x\frac{\partial}{\partial x} + \frac{\partial}{\partial y})^n f(0,0) + K$$
(2)

示例3:
$$-\frac{8\mu}{Nz}\frac{\partial}{\partial S}\ln Q = -\left[(1 + \sum_{v=1}^{4} z_v) - \frac{2\mu}{z}\right]\ln\frac{\theta_\alpha(1-\theta_\beta)}{\theta_\beta(1-\theta_\alpha)}$$
$$+ \ln\frac{\lambda_\alpha}{\lambda_\beta} - z_1\ln\frac{\varepsilon_1}{\zeta_1} + \sum_{v=1} Z_v\ln\frac{\varepsilon_v}{\zeta_v}$$
$$= 0$$
(3)

小数点用"."表示。大于999的整数和多于三位数的小数,一律用半个阿拉伯数字符的小间隔分开,不用千位撇。对于纯小数应将0列于小数点之前。

示例:应该写成 94 652.023 567;　　0.314 325

不应写成 94,652.023,567;　　.314,325

应注意区别各种字符,如:拉丁文、希腊文、俄文、德文花体、草体;罗马数字和阿拉伯数字;字符的正斜体、黑白体、大小写、上下角标(特别是多层次,如"三踏步")、上下偏差等。

示例:$I, l, 1, i; C, c; K, k, \kappa; O, o, (°); S, s, 5; Z, z, 2; B, \beta; W, w, \omega$。

6.4.4 计量单位

报告、论文必须采用 1984 年 2 月 27 日国务院发布的《中华人民共和国法定计量单位》,并遵照《中华人民共和国法定计量单位使用方法》执行。使用各种量、单位和符号,必须遵循附录 A 所列国家标准的规定执行。单位名称和符号的书写方式一律采用国际通用符号。

6.4.5 符号和缩略词

符号和缩略词应遵照国家标准(见附录 A)的有关规定执行。如无标准可循,可采纳本学科或本专业的权威性机构或学术固体所公布的规定;也可以采用全国自然科学名词审定委员会编印的各学科词汇的用词。如不得不引用某些不是公知公用的、且又不易为同行读者所理解的、或系作者自定的符号、记号、缩略词、首字母缩写字等时,均应在第一次出现时一一加以说明,给以明确的定义。

6.5 结论

报告、论文的结论是最终的、总体的结论,不是正文中各段的小结的简单重复。结论应该准确、完整、明确、精练。

如果不可能导出应有的结论,也可以没有结论而进行必要的讨论。

可以在结论或讨论中提出建议、研究设想、仪器设备改进意见、尚待解决的问题等。

6.6 致谢

可以在正文后对下列方面致谢:

国家科学基金、资助研究工作的奖学金基金、合同单位、资助或支持的企业、组织成个人;

协助完成研究工作和提供便利条件的组织或个人;

在研究工作中提出建议和提供帮助的人;

给予转载和引用权的资料、图片、文献、研究思想和设想的所有者;

其他应感谢的组织或个人。

6.7 参考文献表

按照 GB 7714-87《文后参考文献著录规则》的规定执行。

7 附录

附录是作为报告、论文主体的补充项目,并不是必需的。

7.1 下列内容可以作为附录编于报告、论文后,也可以另编成册。

a. 为了整篇报告、论文材料的完整,但编入正文又有损于编排的条理和逻辑性,这一类材料包括比正文更为详尽的信息、研究方法和技术更深入的叙述,建议可以阅读的参考文献题录,对了解正文内容有用的补充信息等;

b. 由于篇幅过大或取材于复制品而不便于编入正文的材料;

c. 不便于编入正文的罕见珍贵资料;

d. 对一般读者并非必要阅读,但对本专业同行有参考价值的资料;

e. 某些重要的原始数据、数学推导、计算程序、框图、结构图、注释、统计表、计算机打印输出件等。

7.2 附录与正文连续编页码。每一附录的各种序号的编排见 4.2 和 6.2.4。

7.3 每一附录均另页起。如报告、论文分装几册。凡属于某一册的附录应置于备该册正文之后。

8 结尾部分(必要时)

为了将报告、论文迅速存储入电子计算机,可以提供有关的输入数据。

可以编排分类索引、著者索引、关键词索引等。

封三和封底(包括版权页)。

附录 A 相关标准

(补充件)

A.1 GB 1434 物理量符号

A.2 GB 3100 国际单位制及其应用。

A.3 GB 3101 有关量、单位和符号的一般原则。

A.4 GB3102.1 空间和时间的量和单位。

A.5 GB 3102.2 周期及其有关现象的量和单位。

A.6 GB 3102.3 力学的量和单位。

A.7 GB 3102.4 热学的量和单位。

A.8 GB 3102.5 电学和磁学的量和单位。

A.9 GB 3102.6 光及有关电磁辐射的量和单位。

A.10 GB 3102.7 声学的量和单位。

A.11 GB 3102.8 物理化学和分子物理学的量和单位。

A.12 GB 3102.9 原子物理学和核物理学的量和单位。

A.13 GB 3102.10 核反应和电离辐射的量和单位。

A.14 GB 3102.11 物理科学和技术中使用的数学符号。

A.15 GB 3102.12 无量纲参数。

A.16 GB 3102.13 固体物理学的量和单位。

附加说明：

本标准由全国文献工作标准化技术委员会提出。

本标准由全国文献工作标准化技术委员会第七分委员会负责起草。

本标准主要起草人：谭丙煜。

主要参考文献

[1]潘太明,等.中国机读目录格式使用手册[M].北京:科学技术文献出版社,2001.

[2]刘俊熙,王立义.信息检索[M].北京:北京图书馆出版社,2002.

[3]张林龙.实用信息检索[M].上海:上海中医药大学出版社,2004.

[4]杨玉麟.信息描述[M].北京:高等教育出版社,2004.

[5]赵泉,等.信息检索[M].北京:机械工业出版社,2008.

[6]肖亚明,尹志清,王涛.信息检索与利用[M].天津:天津大学出版社,2009.

[7]于光.信息检索[M].北京:电子工业出版社,2010.

[8]张永忠.信息检索与利用[M].上海:复旦大学出版社,2010.

[9]吉久明,孙济庆.文献检索与知识发现指南[M].上海:华东理工大学出版社,2010.

[10]李谋信.信息资源检索[M].北京:机械工业出版社,2010.

[11]马林山.信息检索与利用[M].合肥:安徽科学技术出版社,2013.

[12]孙福强.网络信息检索与利用[M].北京:北京理工大学出版社,2014.